日本近代化の歩み

そして、これを支えた人々

中島　武久

目　　　　次

はじめに

日本の近代化は、明治維新を契機として始まりました。それではそれ以前における日本がどうであったかと言うと、領土の統治については、基本的には徳川幕府による幕藩体制によって成り立ち、天領（幕府の直轄地）以外の土地は、その領地を治めるそれぞれの藩主が発揮する裁量の下で統治されており、また一方で、身分を区分するための制度によって、武士の子は武士に、また農民の子は農民に、大工等の職人の子はその職人に、そして商人の子は商人にと言うように、その身分制度によって、基本的には、子は親の職業を継ぐものとされました。それと同時に、庶民が領国の外へ出ることに対しても厳しい制限が課されていて、例えば旅に出る場合であっても、社寺への参詣や湯治場等へ行くような場合を除き、在所の名主が発行する手形を所持しなければならない等々とされていたのであります。同様に、鎖国政策によって、この時代においては、日本人が海外（国外）へ渡航すると言うことは許されず、また、外国人を受け入れると言うことも出来なかったのであります。

その後の１９世紀中頃になって、イギリスの艦船が長崎の出島へ来港したり（嘉永３年のフェートン号事件）あるいはアメリカの商船が鹿児島湾に現れた際に、これをイギリスの艦船と勘違いした薩摩藩側が砲撃を加えてしまったり（天保８年のモリソン号事件）等を通じ、この時代にあっては、水戸学や本居宣長等の国学を中心として、あちらこちらにおいて尊王攘夷へと向う、思想的な高まりが見られるようになって行ったのであります。そしてこの変化を受けて、朝廷と幕府の間の関係を憂慮する立場の中から、これら尊王攘夷思想の論者たちが次々に弾圧を受けると言う宝暦事件、あるいは明和事件などが生じることになりました。
そして、日本のこの時期とほぼ同じ頃、隣国の中国（この当時は清国と称した）にあっては、イギリスとの間においてアヘン戦争が勃発して行ったのであります。このアヘン戦争はイギリスがインドから密輸したアヘン（麻薬）を中国に対して密売し、これによって巨万の富を得ていたのでありますが、この事態がもたらす真の意味を知ることとなった当時の中国は、イギリスに対して激しく反抗したと言うのがその真相なのでありました。

このように、１９世紀の中期以降に顕在化して来たところの欧米の列強各国による帝国主義的な外交政策に対して、当時の徳川幕府は、従前からの尊王攘夷思想に基づく鎖国政策については、これを堅持するとの姿勢を安易には崩そうとしませんでした。しかしながら一方では、当時の薩摩藩や長州藩がそうであったように、止むを得ず薩英戦争そして下関戦争に関与し、そして欧米列強国との間の軍事力の格差を実感するに至ったことによって、その後には、国内における政治権力の一体化や富国強兵のためには、政治体制の統一と近代化が急務であることを、各々の人達が身をもって知る事態にまで至ったのであります。
そして、その結果が、土佐藩や越前藩によって打ち出された公議政体による改革論であって、それは旧来の幕府を廃し、天皇の下で中央集権的な政治体制を樹立しようと言うものでありました。この公議政体論は、結果的には国内において急速にその支持を集めるに至り、それによって、遂に１８６７年（慶応３年）に、徳川幕府の第１５代将軍であった徳川慶喜公により、大政奉還の宣下が行われたことによって、ついに、明治と言う新しい時代が迎えられることになったと言うことであります。

この明治と言う時代の特徴を簡潔に申し上げるとすれば、民主的な政治体制が構築されたと言うことであり、職業に貴賤の差を付けず、その能力や個性に応じ、誰もが自由にその職業を選ぶことができるようになったと言うことであって、同時に、基本的には外国との間での物資の流通（海外貿易）が可能となり、そして外国との間における、人的な交流が可能になったと言うことなのであります。

そして、この時代に始まった、このような文明的な変化が人々の生活に大きな影響をもたらしたことをもって、後世、人々はこの時代の特性を「明治維新」と称し、また、それによって文明の開化が生じたと認識することになったのであります。

本書は、以上に述べたような歴史的意識に立って、明治維新における日本変貌の様子と、その後から昭和に至るまでの各々の時代において、これを支えて来た多くの人々が成した偉大なる足跡や諸々の課題について確認し、そして、これを現代に生きる大勢の人に対して正しく伝えるべく、その歴史的な経緯と事実関係について集約を試みたものであります。

第１章　幕末・維新の情勢と諸外国の関与

１－１　幕末・維新における日本の情勢

（１）揺れ動く幕末の政治情勢

江戸時代の末期、徳川幕府の内部で政権の中枢にいたのは大老の井伊直弼（尾張藩主）でありますが、彼は、諸外国との間における通商条約等の調印を、天皇の勅許を得ることなく進めました。

その結果、井伊直弼によって行われた、こうした極めて強権的な政治手法に対し、これを批判する立場の大名が次々と現れるようになって行き、例えば徳川斉昭（水戸藩主）そして徳川義勝（尾張藩主）または松平慶永（越前藩主）らが抗議のために登城すると、彼は逆に、無断で登城したことを理由として、井伊直弼から謹慎処分を受けてしまい、一方、この当時における政治面での著名な運動家であった橋本左内、あるいは松下村塾の吉田松陰が処刑されてしまうと言うような、政治的な弾圧が強引に行われたりしました。そして、このような政治的混乱を称して、後の時代に、これを「安政の大獄」と呼ぶことになるのであります。

その後、この「安政の大獄」は、一橋派や尊王攘夷派の志士たちにおいて必然的に強い反意を招く結果になるのであります。度重なる弾圧に憤慨した水戸藩の浪士たちは、１８６０年（安政７年）の３月２４日、江戸城の桜田門外にて、登城中であった大老井伊直弼の行列を襲撃し、暗殺を決行したのであります。（この事件は、後に桜田門外の変と称されることになりました。）

（２）尊王攘夷派の台頭

井伊直弼の死後に、その後を継いで大老となった安藤信正（岩城平藩主）らは、その権威回復に向けて、朝廷を活用すべく公武合体政策を進めて行き、１８６０年（万延元年）に、皇女和宮の徳川家茂への降嫁を朝廷に奏請しました。孝明天皇はこれに必ずしも前向きではなかったものの、岩倉具視（公卿）らによる進言を受けてこれを認めたため、遂に１８６１年（文久元年）に、和宮が江戸城に入城することになったことによって、ここに公武合体と言う新たな政治の体制が成立したのであります。そして更にまた、幕府の側にあっては、これに伴う天皇のご意向に沿って、攘夷を誓う旨の誓書がしたためられて奏上されたのであります。

しかしながら、尊王攘夷的な立場を鮮明にしたとも言えるこの誓約は、徳川幕府にとっては、取りあえずの落ち着きをもたらしたとは言えるものの、その後の幕府側に対しては、それは大きな足かせとなってしまったと言える事態なのでありました。

（３）下関戦争と薩英戦争

１８６３年（文久３年）６月２５日、攘夷決行と称し、長州藩は関門海峡を通過する外国の商船に対して砲撃を加えました。しかしながら、その２０日後には、逆にアメリカ合衆国の艦船から、また更にその４日後には、フランス側から同様の報復攻撃を受けて砲台を占拠されるなどして、攘夷と言うことの実現の困難さを自ら身をもって思い知らされることとなったのであります。（後に、これは下関戦争と称されることになりました。）

一方、生麦事件（帰国途上の島津久光が率いる薩摩藩兵が、横浜の生麦村地内にて、行列を横断しようとした英国人を切りつけた事件）においては、その賠償問題がこじれたことから、上記事件と同年の１８６３年の８月１５日に、薩摩藩とイギリス軍との間で戦闘が勃発し、英艦隊による鹿児島城下への砲撃が行われ、これに反抗した薩摩藩からの反撃による交戦が加わって、鹿児島市街の一部を焼失すると言う、誠に甚大なる被害が生じる結果になってしまったのであります。（後に、これは薩英戦争と称されました。）

（４）薩長同盟と幕長戦争

井伊直弼の死後、絶対的な権力が弱まった幕府の中にあって相対的に存在感を示すようになったのが、長州藩であり薩摩藩でありました。この両藩は共に、止むを得ず、先の下関戦争そして薩英戦争に関与することとなってしまったことを通じ、幕府による海防等の政策に対して極めて不信感を抱いて来たところの、言わば同胞とも言える存在だったのであります。

まず、長州藩は、京都所司代（京都守護職）による制止を無視して、自論の赴くままに大勢の藩兵を入京させて行きました。この時期における長州藩は、公武合体政策と言うものを敵視していたのであります。そのために長州藩は、新たに武士以外の身分を含む騎兵隊を創設して、それによって次々と諸隊を結成して、それを自藩の新たな戦力として仕立て上げて行ったのであります。

　一方、薩摩藩にあっては、最高実力者である島津久光が自ら藩兵を率いて入京したのであります。この当時における薩摩藩の意識は幕政改革の推進と言う命題に対して焦点を当てようとしていたのでありました。そのために薩摩藩は自藩の勢力をもって、このことに対して精一杯の圧力を加えようと画策したのであります。

　そしてこれらの活動においてそれぞれ主軸となって行動していたのが、長州藩においては木戸孝充たちであり、薩摩藩側にあっては西郷隆盛たちなのであったと言うことであります。

（５）大政奉還と王政復古

　徳川幕府においては、後の１８６７年（慶応３年）１０月１４日に、第十五代の将軍であった徳川慶喜公が、京都の二条城において大政奉還を宣下したことによって、これを受けて、その翌年（即ち明治元年）の３月に天皇を祭主とする新制度が発足、それによって王政復古の大号令が発せられたのであります。

　そして、その後に新たな民主的政治体制であるところの明治政府が発足するに至り、これによって、１８７１年（明治４年）には旧来の藩制度に代る廃藩置県の改革が実施され、更に１８７７年（明治１０年）から１８８２年（明治１５年）にかけては、西郷隆盛とその盟友であった大久保利通と言う当時の名だたる国政のリーダーたちが、それぞれの側の先頭に立って互いに覇権を争ったところの西南戦争が勃発し、その結果、新たなる政府軍側が勝利したことによって、結果的に、その後の政権運営に関わる政治的な基盤と言うものが確立することとなったのであります。
また、その後の１８８５年（明治１８年）になって、それまでの太政官制に代えて、天皇の下における、新たな議員内閣制度による政治体制が発足することになったことによって、ここにおいて日本で初めて、それまでの太政官制とは異なる、明治と言う時代の全く新しい政治体制が、遂に確立することになるのであります。

（6）鳥羽伏見の戦いと戊辰戦争

大政奉還宣下の後の１８６８年（慶応４年）１月に、淀城にほど近い鳥羽街道の伏見において、新たに官軍の側となった薩摩および長州と土佐から成る連合軍と、旧幕藩側の志士集団との間にて、遂に執拗なる武力抗争が生じてしまいましたが、この事はある意味では止むを得ないところでもありました。そして、この戦いにおいては、官軍側が「錦の御旗」なるものを旗印に用いて進軍したことによって、民衆による支持の獲得に成功するなどと言う存外な結果になって行ったために、その反対に、賊軍と見做されるような事態になってしまった旧幕府軍においては、その結束が次第に緩んで行く状況となり、それまで従っていたところの近隣諸藩による寝返りが相次ぐと言う事態にまで至ってしまいました。そして、その２日の後には、ついに旧幕藩軍側の敗北が決定的と見做されるような戦況にまで、陥ってしまったのであります。
その後、このような状況に至ってしまったことによって、将軍の徳川慶喜は、その事態を認識してついに京都から脱出し、大阪にて幕府所有の軍艦「開陽丸」に乗船して、江戸へ向かって逃走したのであります。　そして、その後における徳川慶喜は、江戸城を退出して、恭順の意を表わすために、上野の寛永寺に立て籠もることとなりました。

一方、官軍側は、その後に、この時点に至っても未だに新政府に対して恭順の意を表さなかった会津藩に対し、官軍における総兵力を仕向けるに至り、会津に攻め入って、武力をもって会津城を撃破したのであります。この戦いは、後に「戊辰戦争」と言われるものであって、結果的には、それは武士の時代における最後の血なまぐさい戦いとなったのでありました。

１－２　幕末・維新における外国との関係

（１）幕末期における日米両国の関係

１８５３年（嘉永３年）６月３日、軍艦４隻から成るアメリカの艦隊が江戸湾内に進入し、ペリー艦長ら一行が三浦半島の久里浜に上陸、これに応じた浦賀奉行に対して、彼らは、開国を求めるためのアメリカ大統領の国書を手渡した上で帰国したのであります。そして、その翌年、アメリカ東インド艦隊の司令長官となり、７隻の軍艦によって再度来日したペリー提督との間で、徳川幕府は、ついに横浜にて日米和親条約（これを神奈川条約と言う）の調印を行うに至り、これによって、以降、アメリカを最恵国として、函館及び下田の２港が開港されることとなったのであります。

米国が、寒冷地である函館の開港を敢えて望んだ、その背景には当時のアメリカが、北太平洋において盛んに捕鯨漁を行っていたこともあって、これら捕鯨船に対する燃料や食料等の補給基地を確保したいとの事情があったからではないのかと言うのが、その理由として推察されるところであります。

また、１８５８年（安政５年）６月１９日には、アメリカの初代日本駐在総領事となったハリスとの間で、日米修好通商条約が調印され、これによって、日本国内における、交易を前提とした開港の地が神奈川・長崎・新潟・兵庫の４港となり、更にまた、これらの開港地においては、外国人らの居留地を設置することが合意されたのであります。この措置によって、以降、これら居留地においては日本に駐留する外国人の数が一気に増加することとなり、また、それに伴って生活物資等々の物の流通が日増しに増大して行くと言う結果において、それが、外国との間の交易の端緒となって行くのであります。

（２）幕末期における日本と英仏等との関係

イギリスの東インド艦隊司令官スターリングは、敵国のロシア艦隊を追撃する途中で長崎港に入港し、１８５４年（嘉永７年）に長崎奉行の水野忠徳との間で、半ば強引に日英和親条約を締結するに至りました。ただし、この和親条約は、日米間において締結された通商条約とは、その特質が若干異なるものでありました。しかしながら、当時ロシアとの間で交戦状態にあったイギリスは、この条約の締結によって、例えば函館港を、イギリス艦船の給油地としても利用することが出来るようになったのであります。

このようにして、日英両国の間と似たような外国との間における和親条約の締結については、米国の外に、イギリスやフランス及びオランダと言った欧州各国との間において、その後、次々と調印が行われるところとなりました。

また、一方では、長州討伐戦争に完敗した後の１８６６年（慶応２年）には、幕府は鎖国（攘夷）政策の脱却へと方向を転換すべく１８６７年に開催されたパリ万国博覧会を好機と捉え、将軍の徳川慶喜は、弟の徳川明武を主賓とする遣欧使節団をヨーロッパへ派遣したのであります。その一行が横浜を出港したのは、１８６７年（慶応３年）１月のことでありました。そして、このことによって使節団一行の誰もが、欧州各国における文明のレベルが、その当時の日本とは全く異なり、如何に高いものだったのかを否応なく知ることになったのであります。そして、ここで特筆すべき事は、この遣欧使節団に同行していた勘定方の小栗忠順が、この当時、駐日公使の任にあったロッシュの支援を得て、フランスの側から６００万ドルと言う、高額の借款を引き出すことに成功するのであります。そしてこの公金こそが、その後において、大型の艦船を建造するために必須とされていた、横浜ドックの建造その他の軍資金とされることによって、その後の日本の文明開化を強力に促進して行く際の近代化促進のための原動力となって行くのであります。

一方、この時期における、ドイツとの間の政治的な関係について見ると、シーボルトやケンペルと言ったオランダ商館付きのドイツ人医師たちが、１８２８年（文政１１年）に、当時は極秘資料とされていた日本地図を国外に持ち出そうとした事件に関与することとなり、実にそれがきっかけとなって、日本とドイツとの間の政治的な関係が始まったものとされます。その結果、１８６１年（万延元年）になって、両国との間でようやく日普修好通商条約が締結されるところとなったのであります。

（３）幕末・維新における中国・朝鮮との関係

平安時代のような古い時期にあっては、真言宗開祖の空海（弘法大師）や天台宗開祖の最澄（伝教大師）らの仏教徒が、仏教修行のために中国大陸に渡っていたのではありますが、それは中国が近代国家としての領土の統治を行うようになるよりも前の、極めて古い時代における、先駆的な出来事なのでありました。

一方、時代が下って、人々が文化的に往来できるようにすることを狙いとして、日本と中国（当時は清国と称していた）との間において日清修好条約が締結されるに至ったのは、１８７１年（明治４年）のことでありました。

その後、日本と中国との間において、日清戦争が引き起こされたのは１８９４年（明治２７年）７月から翌年の４月にかけてのことであります。この戦争は、朝鮮半島に関わる権益を巡る争いがその原因となって引き起こされたもので、その主戦場は、主に朝鮮半島と遼東半島及び黄海であって、両国がお互いに激しく交戦を続けた結果、日本が優位と見做せる状況下において、日清講和条約（下関条約とも言う）の締結によって、ついに、この日中間における当時の戦争が終結に至ったという次第なのであります。

さて、隣国の朝鮮半島において、日本人は鉄資源等の有用物資を求めて、古来より経済外交的な交流を行って来ました。それが過激な形となって表れたのが、豊臣秀吉による朝鮮出兵（文禄の役及び慶長の役のこと）等の出来事なのでありました。そして更に時代が下り、１８７６年（明治９年）になって、日本はようやく朝鮮との間で日朝修好条約を締結するに至ったのであります。

この日朝修好条約は、実は、日本側が有利になるように配慮された不平等たる内容のものではありましたが、しかしながらこの条約の発効によって、日本を貿易の相手国とする物資の流通等が促進されるようになったり、また、人的な交流が盛んに行われたりしたと言う点は、否めない事実なのであります。しかしながらその反面において、その後の時代にあって、当時の日本の為政者たちは、中国北部（いわゆる満州のこと）と、その近郊における領土の争奪を巡って、途中の朝鮮半島を経由地として使用し、ロシアとの間において互いに多数の戦死者を生むような極めて醜たらしい戦争を、当然の如く行うようになって行くのであります。

（４）幕末期におけるロシアとの関係

　日本とロシアとの関係について見ると、この当時、ロシア帝国は中国における義和団の乱に乗じ、既に満州地域の占領を続けていたために、地理的に近い日本（その中でも特に蝦夷地）に対して強い関心を持つに至っていました。そのため、例えば１７７８年（安永７年）になると、ロシア国内に設けられていた日本語学校の学生であったところのイワン・アンチービンが蝦夷地に来航し、当時の蝦夷地を統治していた松前藩との間において、独自の接触を行ったりしていたのであります。しかしながら当時の松前藩は、これに対しては特段の具体的な反応はしませんでした。

　一方、その後の１７９２年（寛政４年）にアダム・ラスクマンが来日し、正式に通商を求めてきたことによって、当時の老中の松平定信は、長崎への入港のみに限定し、ロシアに対してこれを許可したのであります。ところが、さらに後の１８０４年（文化元年）になって、ニコライ・レザノフが改めて長崎に来航してみると、すでに松平定信は失脚していて、通商条約を求めるための正式の交渉を行うことができませんでした。そのためこの事態に怒ったレザノフが、部下に命じて蝦夷地を攻撃させるという、極めて矛盾した事態が引き起こされてしまったのであります。

そして、その後の１８５３年（嘉永６年）に、アメリカのペリーよりも１カ月ほど遅れてプチャーチンが長崎に来航したことによって、ついに日露和親状条約の交渉が始まるに至り、その結果、両国との間で調印が行われるに至ったのは１８５５年（安政元年）のことでありました。ただし、この時点においては、樺太や千島に関する国境問題については特に争点とはされませんでした。

（5）幕末期における外国との間の文化的交流

日本の旧弊であった身分制度が無くなる前の江戸時代に横浜港が開港し、長崎に出島が建設されたことによって、その居留地に住むことになった外国人たちによって、先ず、キリスト教会が設けられて、日常生活の洋式化が進むところとなりました。そしてアメリカやイギリス・フランス等との間において商取引が開始されるようになると、日本からは、主に生糸や緑茶等が輸出されるようになって行き、一方では、彼らの母国である海外諸国からは、綿糸やウール製品を始めとして、製糸機械や金属機器類、あるいは銃や大砲等々と言った兵器の類などが輸入されるようになって行きました。

そして、諸外国との間の貿易が盛んになるに連れて、この時代には、その商取引を専門に行う商社的な存在が登場するようになって行き、それによって様々な商品の取扱いに係わる物資の国際的流通ネットワークとも言うべきものが、国の内外において次第に確立して行って、これに日本人が関わるようになるのであります。

今日の日本を代表するところの三井・三菱・住友・安田と言った財閥は、いずれも、この時代において日本と外国との間で始まった交易の仲立ちを生業として成長して行ったところの、いわゆる通商業社であります。そして、その成り立ち自体がそれより古い時期であり得たとしても、その基盤が確固たるものになったのは、いずれにしても、この幕末時代以来のことであったと見做して、特に差し支えがないのであろうと考えられます。

１－３　明治維新後の日本の情勢

時代が下って明治になると、富国強兵を旨とする積極的な政策の下で、政治の中央集権化と共に、国土開発及び殖産興業化のための政策が積極的に進められることとなりました。これら意欲的な施策の結果として、例えば、富岡製糸場を始めとした官営の模範工場が設立されたり、更には三井・三菱・住友・安田と言った財閥系企業の財力による、銀や銅などの鉱物資源の開発等が積極的に行われたことによって、日本の特技とも言える技術立国化のための生産設備の整備や工業化技術、そしてこれを支えた各企業の側での財務的な基盤の整備が一気に進んで行ったのであります。

また一方で、この時代になると、自ら進んで海外の文明に触れたり、外国人によってもたらされた文化的活動に基づく貢献と言うものが大きく、その結果、例えば福沢諭吉・新島譲・津田梅子たちによるところの大学の創設、渋沢栄一等々による金融システムなどの確立、宣教師のヘボンによるローマ字の導入、クラーク博士による近代教育の導入、そして哲学者のフェノロサによる日本の古美術品の蒐集等々といった、極めて学術的な研究活動が多方面において行われるところとなりました。そして今日においては、これら種々の事柄は、そのいずれもが、文化的価値の側面において極めて評価が高いとされる成果なのであって、その後の日本における文化的活動の先駆けを為すものであったと言える業績のであります。

そしてこの事実こそが、それより前の時代に見られるような活動の自由が抑圧され続けた時代が終り、明治という新しい時代が開幕したことによって、自由の獲得という歴史的な意義を、全ての人々が共有しうる環境に入って行くことになるのであります。

しかしながら、その一方で、この時代の日本においては、この後に詳述するように、その後の時代において止むを得ず迎えることとなった日清戦争や日露戦争そして世界大戦と言った由々しき問題に次々と遭遇して行き、近隣諸国との間において激しく戦火を交えてしまうと言うような、誠にもって悲劇的な時代を、更に次々と展開して行くようになってしまうのであります。

第２章　明治維新による日本の行政改革

２－１　藩籍奉還と身分制度

（１）藩籍の奉還

明治維新によって新たに発足した新政府は、１８６８年（明治元年）に、旧幕府や諸藩がそれぞれ所有していたところの、日本の全ての領地を接収した上で、これを新政府の直轄地として、直接的に支配することにしたのであります。

この施策は、薩摩藩出身の寺島宗則や森有礼、及び長州藩出身の木戸孝充や伊藤博文らの主張に基づいたものであって、それが意図することとは、封建的な体制の限界を指摘した上で、更にその改変の必要性を明確にすると言う、旧来の国の統治のあり方を根本から改めることになる極めて革新的で、しかも意識の高い施策を進めることにあったと言って差し支えないのであります。

そして、その前提において新政府は、これら直轄地の統治方法を変更する施策の実行に際し、その際に生じうる諸問題を監視するための機関として行政裁判所を設置し、その進捗状況について監視を行うことにしたのであります。

（２）身分制度の廃止

江戸時代以前から引き継がれて来た身分制度の問題性は、明治になったからと言って、直ちに改まることはなかったのであります。そして、実にこの問題に着目したのが、その当時は民部省の下層役人であった渋沢栄一であって、彼は当時、民部大臣を兼務していた大蔵大臣の大隈重信に宛て、それまで遠ざけられてきた四民平等と言う基本的人権の見直しの必要性を訴えることと、それに伴う戸籍法上の見直しの必要性について訴え出たのであります。しかしながら、この時には、その訴えに対して東京府の知事であった大木喬任を始めとする、多くの地方官吏たちが反対の立場をとってしまったために、直ちに実現すると言う状況には至りませんでした。

この当時の下層役人には、渋沢と同様に、郷士や農民であった者が幕臣を経て明治政府に仕官した者が多く、その彼らは、早くから基本的な人権の確立や、市民平等と言う規律の必要性を自覚していた人々なのでありました。そして、彼らの動きを受けて、皮肉にもこれに手を貸したのが、その後に生じた政局の混乱により大蔵大臣に移動して行った大久保利通の後任として、新たに民部大臣となるところの、先の東京府の知事であった大木喬任であり、彼が動いたことによって、ようやく戸籍法の見直しに関わる諸問題が動き出す状況となり、１８７１年（明治４年）に至り、ついに新たな戸籍法が制定されるところとなりました。

そして更に重要なことは、戸籍法の見直しが行われた結果、それまでは、武士が上位にいて支配体制が構築されて来た時代を通じて脈々と引き継がれてきたところの、いわゆる賤民制度と言うものがこの時代に及び、ようやく終止符が打たれ、消え行くことになったと言うことなのであります。

２－２　廃藩置県と国土整備

（１）廃藩置県の実施

１８６８年（明治元年）の明治維新によって、藩籍奉還が行われた後の１８７１年（明治４年）に、明治政府は、それまでの藩制を廃止した上で、中央政府による一元管理の下で、新たなる組織体制によって各地方の統治を行うことにしたのであります。

そのために明治政府は、同年７月に、それまで総計で３００藩もあった藩別の制度を全て廃止して、それぞれの各地域を新たな中央政府による一括統治の下に置くこととする、国土統治に関する基本的方針を打ち出しました。続いて国土統治の在り方として、府藩県による三治制なる制度が定められました。この場合の藩とは、従前のものとは異なって、府や県と並ぶ、地方統治のための行政組織の一つとして位置づけられたものであります。

この新政府による国土統治のための施策の基本は、薩摩藩の寺島宗則や森有礼、長州藩の木戸孝充や伊藤博文らが中心となって推進したものでありますが、このうちの「藩」については、結局のところ、それが実際に使われたのは、その後における２年程度の期間のこととなったのであります。一方の府県に関しては現在も存続している通りであり、その中で首都については、それまで東京市と称されていたものが、１９４３年（昭和１８年）７月に東京都と称されることとなって以来、今日に至っているのであります。

（2）近代における日本の国土整備

明治維新によって開国の時代を迎え、それによって横浜や長崎の居留地に駐留することとなった外国人により、必然的にアメリカやヨーロッパ各国における、種々の文化的な情報がもたらされるようになり、また、一方では、日本から海外へ渡り、欧米の文化に接したことのある人々が次第に増加したことによって、この時代になると、人々は否応なく、日本と諸外国との間の文化的レベルに大きな差異があることに気付くことになるのであります。

そして、このことが、その後の日本において近代化への促進意欲となり、産業革命へと向かわせることになるのであります。しかしながら、諸外国との交流においては、かつて、中国がアヘン戦争によって浸食されて、その結果、香港がイギリスの植民地化されてしまった時代があったように、諸外国と交流すると言うことは、国民の同意の上に立って、手順を踏んで、慎重に行って行かなければならない事柄なのであります。

そのような意識の中にあって、しかしながら日本は、欧米の先進技術を積極的に取り入れることにより、明治以降、先ず、近代的な社会を構築するために不可避と思われるところの、社会的インフラ事業の整備に取り組んだのであります。それが、台風によって河川の氾濫が生じることがないようにするための治水事業であり、また電信網の敷設による電信・電話の普及であり、主要な国道の整備や鉄道の敷設などであり、水力発電所の建設と送電線網の整備でありそして大型船舶を社会に受け入れて行くための、ドックや港湾施設の建設等々であったのであります。

そして、明治維新の後に、これらインフラ等々の整備が日本全体の総力を挙げて速やかに進められて行ったことによって、その後の時代において、米欧の主要国との間における総合的な国力の格差がそれ程には目立たなくなったと言うことなのであります。

これらの改革を推し進めた力の源泉となったのは、結局、当時の政府の実力者たちが相次いで海外に出て先進諸国の実状をつぶさに把握し、その上で、問題を把握し、それによって、政府が一体となって、その難局に立ち向かおうと懸命に努力したからなのだと言うことができます。

２－３　産業基盤の整備

（1）社会インフラの拡大

日本においては、すでに明治の時代に、それまで海外の建築家に依存していた大型建築物の設計が、日本人の手によって行われ、また、レンガ等の主要な建設資材が国内にて調達できるようになったことによって、例えば東京駅や旧丸ビル、そして迎賓館等のレンガ造りによる、クラシカルで大型の耐火建築物が日本人の手によって設計され、建築されるようになったと言う訳なのですが、このような、近代における歴史的展開についての在り様については、今日では、世の中の人々には広く知られているところであります。

その様な中で、この時期においては、先ず、重要な社会インフラ事業であるところの電信電話網を敷設する事業、そしてこれと並行して郵便事業が立ち上がりました。１８６９年（明治２年）になると、先ず東京と横浜の間に電話線が架設されて、そのわずか５年後に、その電話線網の範囲は、なんと、長崎から北海道にまで達すると言う、まさに日本の隅々にまで至っていたのであります。

また、その一方において、全国各地に郵便局が設置されるようになって、その結果、多くの人々は、電話線網を利用する方式による電報によって、火急の要件がある場合には、それを速やかに遠隔地へ知らせることが出来るようになったのであります。これは、それ以前の事情に比べて、革新的な状況の変化であります。

同様にして、もう一方の社会インフラ事業でもある鉄道についても、１８７２年（明治５年）に、東京と横浜との間において日本で最初の鉄道路線が開通したことによって、以来、日本各地において鉄道が敷設されるようになって行き、それ以後、鉄道の敷設については、東京その他の大都市の近郊にあっては、官営による鉄道のみならず、より多くの私営による鉄道路線が開発されて、今日においてなお、国民の足として立派に活用されているのであります。

そして、このようなことは、他のインフラ整備についても言えることなのであって、鉄道や道路の整備と言ったハードな事柄のみならず、例えば、地元民たちの決起によって日の目を見るに至ったところの、湖沼や湿地を農地に変えると言う、秋田県八郎潟を始めとする、日本各地においてその類事例が見られる、いわゆる干拓地の再開発事業についても、それは同様なのであります。

また、時代が下って、第二次世界大戦による戦後の荒廃が続いていた１９５０年代以降における、カスリーン台風及び伊勢湾台風と言った大型台風の来襲によってもたらされた、洪水による甚大なる被害に対して、それ以後、行政府は、法律に基づく治水事業の長期計画を策定することによって、治水と利水の両面の目的を持たせたダム工事を次々に行う等々、河川の改修と水資源に係わる再開発事業を、大規模に進めるに至ったのであります。

更にまた、学校や病院等についても、国立・公立の大規模施設が次々と建設されて行く一方において、私立による、より一層立派な施設が数多く建設され、かつ、それを独自の方法によって運営することによって、その結果、数多くの国民からは、このような文化的な諸事業に対して、期待とともに羨望の眼差しが向けられるようになって行ったのであります。

（2）産業インフラの整備

明治政府が尽力した政策の一つが殖産興業であって、この時代にあっては、様々な産業が立ち上がるようになって行きました。

１８８０年（明治１３年）代の前半、当時大蔵大臣の松方正義は積極的にデフレ政策を推進しました。このデフレ政策とは、一口で言うなら、物価の上昇を抑制することを狙いとする政策であったために、この政策によって農産物価格の暴落を招いてしまった多くの農民たちは次第に没落して行き、そしてその反面において、没落した農民から農地を安く買いたたき、寄生地主となった豪農や商人らは、それによって儲けた資金で株式の売買を始めたり、会社を興したりしたのであります。そして、その結果として、株式の取引がさらに活発化されることにより、資金を増やして金持ちとなった人々による、新たな会社の創立が、その後の短い時期に次々に生じると言う、一大投機ブームの沸き上りに至ったのであります。その結果として、この時代に活況を呈することになったのは、主として製糸業や紡績業等の軽工業の分野に関するものでありました。

また、この時代には、工場や建築物及び道路の建設といった社会インフラ事業が急拡大する中で、それによって高まった需用に対応した分野であるところの、炭鉱や銅鉱山の開発とその精錬工場等の建設、化学製品の製造、そしてセメントの採掘とその製品化のための工場などが次々に出現し、あるいはまた、養蚕業に連動した製糸工場等の施設が次々と建設されるに至ったために、その結果としてこの明治と言う時代においては、その後に日本が産業立国と称されるようになっていく、その基礎になるところの様々な産業システムと言うものが、三井・三菱・住友・安田等々と言った、財閥系の大資本家たちが培ったところの、ネットワーク的な経営方式と経済力とによって、次々と確立されて行くようになるのであります。

（3）商業インフラの整備

明治時代も後半になって来ると、海外との取引による多様な商品類を一手に取り扱うことが出来る、いわゆる総合商社と言うものが出現するようになります。そして、内戦や政治的な緊張などを発展の機会として捉え、この分野においても、産業分野を支える多くの財閥系企業がその実力を遺憾なく発揮し、海外取引を軸とした国内全体に亘る流通ネットワークを構築することによって、それによる消費の動向を見ながら物資の流通を適宜調整すると言う、要するに経済効率をより一層高めるための、物流の総合調整が行われるようになって行くのであります。

今日における日本の経済的繁栄と言うものは、結局、財閥系企業の財力によるところのこのような商業インフラの整備が、相対的に見て、諸外国よりも早い時代に進められたことによって、世界規模の寡占的な優位性を確保することが出来たことによる、その効果と言うべき有利性が確実に獲得できるようになったことが、このような有意な結果に繋がったと言うように想像されます。

２－４　諸外国との間の交流

（1）日本とアメリカとの交流

すでに述べた通り、ペリーが日本へ再度来航した１８５４年（安政元年）に、日本はアメリカとの間において、いわゆる神奈川条約と言われる、日本で最初の国際条約に調印したのであります。そしてその前提に立ち、開国に先立つ１８６０年（安政７年）に、日米修好通商条約の批准書の交換のため、徳川幕府は、外国奉行の新見正興を正使とした遣米使節団を派遣したのであります。

そして若干付言すると、この一行には勘定方であった小栗忠順が同行していました。小栗と言う人物は、この遣米使節団において目覚ましい活躍を見せて、その後には、勘定奉行となってフランスと渡り合って、同国からの資金的な支援を得た上で、横須賀造船所の建設や幕府軍の大砲等の火器類の整備と言った、日本における洋式技術化の発展に尽力することになるのであります。

一方、時代が下り、１８７１年（明治４年）から１８７３年にかけては、文化的なる交流を主たる目的とするところの岩倉使節団がアメリカ及びヨーロッパ各国に向けて派遣されたのであります。その人数は総員１０７名にも上るものでありました。一行は、蒸気船のアメリカ号を利用して太平洋を横断し、先ずサンフランシスコに渡り、次いでアメリカ大陸を横断した上で、更に首都のワシントンその他を訪問したりしたため、結局、アメリカの国内には、およそ

８カ月にも上る長期に亘って滞在しました。そして、その後、一行は大西洋を渡り、ヨーロッパ各国を歴訪したのであります。

政府の要人多数が長期に亘り外遊すると言うことは、ある意味で異例なことではありましたが、しかしその結果、多くの外国のいろいろな情勢をつぶさに見聞しうる機会を得たと言うことは、その後の日本の行政運営を安定的に行うためには、誠に良い方策であったというように受け取られて行きました。

一方、その後の１８９４年（明治２７年）になると、当時の外相の陸奥宗光によって、それまで続いて来た安政年間の日米修好通商条約に代えて、その後に「日米通商条約」が調印されることになりました。また、日露戦争の真最中でもあった１９０５年（明治３８年）においては、当時の内閣総理大臣（外務大臣を兼務）であった桂太郎と、アメリカの特使であったウイリアム陸軍長官との間において日韓関係のあり方が縷々議論されるところなりました。そしてその結果、日本による韓国併合と言う重大なる外交上の問題が、なんとアメリカによって支配されることになったのであります。

（2）日本とイギリスとの交流

日本とイギリスとの関係について眺めると、それはアメリカとの関係よりも明らかに早い時期から始まっていたのであって、例えば先ず１８０８年（文化５年）に、イギリス船が長崎・出島の外国商館を襲撃した事件（フェートン号事件）が生じていること等においいても知られる通りであります。実はイギリスは、すでにこの時代から中国への関与を開始していて、１８４０年（天保１１年）頃には中国との間において、アヘンなる麻薬を利用し、いわゆる人民戦争を引き起していたのであります。

そして、日本とイギリスとの関係がその後にどうであったかと言うと、１８５４年（安政元年）には日英和親条約が調印されるに至ったのであります。実にこれは、アメリカのペリーが再度来航したことによって神奈川条約が締結された時と、同年のことなのであります。また、１８６２年（文久２年）になると、文久遣欧使節団として派遣された正使の竹内下野守と、英国の外相であるラッセルとの間において「ロンドン覚書」が締結されることとなって、これによって日本側において、兵庫・新潟・江戸・大阪の合計４港が開港される運びになったのでありました。

（３）日本とフランスとの交流

次にフランスとの関係について見ると、日本の徳川幕府との間において、１８５８年（安政５年）に日仏修好通商条約が調印されるに至って、これにより、遂に外交関係が開始されることになったのであります。そして、初代フランス特命全権大使としてベルクールが来日しました。

これを受けて１８６２年（文久２年）には、竹内保徳を主席とする最初の遣欧使節団が派遣され、次いで、翌年に池田長発を主席とする２回目の遣欧使節団が派遣されたことによって、ここにようやく「パリ協定」が締結されるに至りました。これによって１８６４年（元治元年）に、在日フランス公使としてレオン・ロッシュが就任したのであります。そして、このロッシュ公使はその後における日本の近代化に向けた様々な場面において登場し、目覚ましい活躍を遂げることになるのです。

なお、前述した通り、先の遣米使節団に参加していた幕府重臣の小栗忠順は、その後に勘定奉行となった後、海軍力の強化に向けてフランス側から４４隻もの艦船を購入することとしたために、このロッシュ公使と小栗は、特に親交が厚かったと言われます。

（4）ロシアとの関係

アメリカのペリー来航に続き、その２年後の１８５５年（安政２年）には、ロシアのプチャーチンが３隻から成る艦隊を率いて長崎に来航したのであります。その後、伊豆半島の下田において日露間の交渉が行われて、その結果、日露和親条約（別名、下田条約）が締結されることとなりました。

その後、１９世紀に入ると、プチャーチンは再度来日したのであります。これはクリミア戦争を経たことによって、当時のロシア側が、その後、極東地域に対する政策を重視するようになった結果なのであります。そして、長崎において日露修好通商条約を締結するに至って、これにより、下田・函館・長崎の３港が開港されることとなりました。

なお、この日露修好通商条約締結の時点において、日露との間の国境は、千島半島の択捉島とウルップ島の間（つまり択捉海峡）に引かれたのであります。一方、樺太については、その後の１８７４年になって、駐露公使となった榎本武揚がロシア外務省との間において交渉を重ねたことによって、ロシア外相のゴルジャコフとの間で樺太・千島交換条約が締結されるに至って、これにより千島列島は日本に帰属し、一方、樺太はロシア領とするとの内容の、国境の確定作業が行われるに至ったのであります。

（５）中国との関係

徳川幕府の時代に、日本は、中国（当時は明国と称していた）との間における交易を望んで来たものの、中国側にあっては、かつての時代における倭寇（鎌倉から室町時代にかけて行われた、日本の海賊的行為）や文禄・慶長の役における苦い経緯から、この時代においては、日本に対する中国側の警戒心と言うものが、容易には解かれることがなかったのであります。

また、１８４０年（天保１１年）に、中国とイギリスとの間で引き起こされたアヘン戦争においては、その後に定められた南京条約によって、香港を英国へ割譲するだけでなく、上海の開港とともに戦争賠償金を支払わなければならなかったと言う点で、中国の側においては、極めて大きな負担を背負うことになったと言う訳なのでありますが、この歴史的な事実は、それは徳川幕府にとってみても誠にもって看過できない事柄なのであって、外国と戦うと言うことが、いかに大きな犠牲を生むことになるかと言うことを、この時にまざまざと実感させられた次第なのであって、それは日本にとっても誠に由々しき事態だったのでありました。

従って、この時代においては、徳川幕府は、老中による奉書参上以外の中国への渡航を禁じ、また、オランダ商船を迎え入れる場合以外における、外国との交流や交易を禁じたのであります。そのため、中国に対する日本側のこのような意識は、その後において永く続き、結局、日本と中国との間において正常な国交が生じるようになったのは、１８７１年（明治４年）に天津において日清修好条約が締結されるようになってからのことでありました。

（６）韓国との関係

日本軍は、１８７５年（明治８年）に、朝鮮半島のソウル近郊にある江華島において、朝鮮軍との間で数日間に亘って激しい戦闘を繰り返すと言う経緯を引き起していました。それは、天皇に関する国書の表記上の扱いを巡る対立が表面化したことから生じたものでありましたが、しかしながら、その後には和解が進む結果となって翌年の１８７６年に、日本は李氏朝鮮との間において日朝修好条約を締結する運びとなりました。そして、これによって日本の対朝鮮貿易は一気に拡大することとなったのであります。

しかしながら、その後においては、日本の数多くの商社がその豊富な資金力を生かし、朝鮮半島において穀物等を積極的に買い集めたりしたために、逆に朝鮮国内において米価の高騰を招くと言った不都合な状況が生じるようになってしまい、そのために当時の朝鮮政府は、その後において、防穀令を発する等の対策を講じることによって、国内で生産された穀物類が、不当に日本へ搬出されることがないようにするための措置を執って行ったのであります。

（7）満州・内蒙古との関係

日本は、日露戦争に勝利した後、戦争後に締結されたポーツマス条約に従って、その当時はロシア側が支配していた「満蒙」と呼ばれていた満州（中国北部地域のこと）及び内蒙古への進出を進めるため、旅順や大連に係わる租借権と共に、いわゆる満州鉄道に係わる鉄道施設の権利を引き継いだのであります。そして、日本としてはその前提に沿って、この満州鉄道を、日本の国策鉄道会社として運用することにしたのであります。従って、これに付帯した電信や宿泊施設等々については、そのために新たに締結したところの日露の二国間による協定によって、その使用権を、ロシアとの間で分け合うことにしたのであります。

このような状況の中で、当地においては旅順や大連と言った都市部を拠点として、居住地等々と言った、生活に必要なインフラ整備を踏まえながら日本からの入植者を募って行き、その上で、初期においては、主として石炭や鉄鉱石と言った天然資源の採取、あるいは大豆その他の農産物生産のために、満州及び内蒙古地域において大勢の日本人労働者たちの移住を進めて行き、それに伴って各職場への受け入れを実施して行ったのであります。

また、その後においては、日本の名だたる紡績会社が営む工場が次々に「満蒙」に近い中国大陸側へと進出したことによって、当地では、その原材料である綿花の栽培が広がって行き、一方で、これに合わせて満蒙地域と中国内の各地において、日本人労働者の移動が盛んに行われるようになって行くのであります。

しかしながら日本によるこの満蒙の開発は、その後の１９３１年（昭和６年）に、奉天（現在の瀋陽）郊外の柳条湖付近にて、日本が運用する南満州鉄道の線路が爆破されてしまうと言う事件（これを柳条湖事件と言う）が生じてしまったことによって、ついに日本と中国との間の関係には、変節が生じてしまうことになるのであります。この事件においては、その後に、満州全土が日本の関東軍によって占領されてしまうことになります。これは、いわゆる「満州事変」と呼ばれる事態のことであって、関東軍によって満州の全土が軍事的に占領され、その上で翌年の１９３２年に、日本は中国の清朝最後の皇帝であった溥儀を担ぎ出し、俗に傀儡国家とも言われたところの「満州国」を創立したのであります。

そして、隣国のロシア側は、日本による、一方的とも言えるこのような領土の侵略に対しては当然の如く激しく抵抗し、また、両国によってもたらされた政治的な緊張状況は、当時の中華民国（中国のこと）との間においても武力紛争を引き起こすかもしれなかった政治的緊張の火種となった事柄なのであり、この事件が生じたことに端を発して、その当時においては、たとえ一時的なことであったとは言え、日本とロシアとの間においては、極めて緊張すべき危険な関係が存在したと言うことは、事実なのであります。

２－５　日本人の海外移住

日本人に対する海外への移住が、所定の制度に沿った形で行われるようになったのは、実に明治時代からのことなのであって、その起源と言うのは、１２０人ほどの人達が、契約に沿った農業移民と言う前提に従って米国のハワイへ移り住むことになったのが、日本人海外移住の最初の事例だったとされています。

そして、これを実績として、その後において、日本では一大移住ブームを迎えることになるのであります。まず、１９０８年（明治４１年）６月には、日本政府が支える移住政策によって、これに応じた多数の人々（その第１陣は、７８１名とされる）が、海路にてブラジルへ向い、サントス港に到着の後、同国内の各地にて、主として農業従事者としての生活を送り、その後、多大な労苦を経ながらも、その多くの人々が無事に定住に成功することとなって、現在においては、既にその三世の人達が主体となって、移住先における地元の経済を支えていると言うことであります。

その後、国による政策的な移住に関しては、その移住者の人数は推計にて、ハワイが２０万人、北米が２０万人、中南米が２０万人中国が２７万人、そして樺太においては２８万人にまで及んでいるものとされています。

なお、これらの人々の中には、明治時代に、自由民権運動に加担した罪で投獄されながら、特赦にて出獄し、その後にアメリカに渡った後に著名な活動を行った人や、また、先のペルー日本大使館における人質拘束事件において、事件の解決に奔走されたフジモリ大統領にしても、実は前述のような政策的移民の一人として、積極的に海外に進出して行った人々の子孫なのであります。

そして、最近においても、東日本大震災の後においては、一時的な現象であったとは言え、海外移住を目指す人の数には若干の増加傾向がみられたとされています。

2－6　思想と信教の統制

（1）思想の自由の尊重

江戸時代の日本においては、出版物の発行に対しては届出が求められており、これに違反した者は罰せられることになっていたのであります。従って、意識して危険な出版物を刊行しようとする場合にあっては、無署名を貫くしかなかったのであります。

この規制のあり方の原則自体は、明治になってからも変わることは無く、それは単なる言論の統制のみならず、その後の戦時下にあってさえ、例えば、共産主義や無政府主義の宣伝、植民地独立運動などの扇動、軍事基地等に係る記述や写真の撮影、皇室に対する批判等々については、当然の如く統制（禁止）の対象とされました。そして、これを徹底するための取締り機関として、特別高等警察組織（通称、特高と言われた）が設けられたのであります。

今日の日本では、日本国憲法によって言論の自由が保障されてはいますが、しかしながら現在でも、新聞法や出版法の定めるところによって、原則的には、新聞や出版物に対して検閲等を行うことが可能であり、また、特定秘密保護法によって規制されるような特殊な事柄があったりしています。したがって例えば、子供への有害性が認められるような表現であったり、国益が損なわれるような恐れがあったりする場合には、現行法規が定めるところによって、それを規制することが可能なのであります。

（2）信教の自由の尊重、そして問題点

過去に、例えば、江戸時代における「島原の乱」のように、その人が戴く信教が何なのかによって、その信仰自体が迫害の対象とされたような時代があった次第でありますが、しかしながら、それは既に過去のことであって、今日においては、日本国憲法が定めるところにより「信仰の自由は、何人に対してもこれを保障する」、そして更に「何人も、宗教上の行為・祝典・儀式または行事に参加することを強制されない」と規定されているところなのであります。

従って、この規定の理念からすれば、例えば、特定宗教への信仰を強要し、または干渉したり、信仰の有無を理由にして不利益を伴う行為を課したりすることや、信仰を強制し、あるいはそれを告白させたり、宗旨の変更を行わせたりすることは、現行憲法の規定に反する行為だと見做されることになるのであります。

さて、上の考え方に準じ、思想や信条と言った、その人の内心的な意識に関するものについては、それが他に害を及ぼすようなものでない限り、憲法の規定上、制限されないものであると解されています。従って、個人の内心に基づく信仰において、それが正教か邪教かと言う辺りの問題は、それを考える方々一人一人における個人の判断に委ねられたものであると言うことであります。

しかしながら、現実の世の中においては、この辺りが、誠に微妙な部分とされるところなのであります。それ程遠い過去のことではない時期において、日本においては、特定の教義の下で多数の信者の自由が拘束され、また、一般社会の中で、何の係わりもない人々

に対して無差別に危害を加えると言うような行為が、白昼、しかも堂々と行われてしまったりするところに、信教の教義における、この「信教の自由」が持つ不明とも言える部分の、怖さを駆り立てる異常なものが潜んでいるのではないかと思われるのです。

つまり、このことは、それを意識的にコントロールして行う限りにおいては、現行の法体系においても、不法なる行為がまかり通る恐れ（余地）があると言うことなのであります。

第３章　文明開化を支えた主な事業

３－１　産業の成立と殖産興業の進捗

（１）明治政府の近代化政策

明治維新によって、それまでの時代を通じて統治の基礎とされて来たところの、地方分権型の社会が瓦解し、その後には全く新しい政治体制が出現したことによって、新政府は、国の統率システムを一気に刷新するべく、近代国家の建設に向けて、政治体制の改革を断行したのであります。そしてその努力により、ついに「明治」と言う名の、新国家の建設に向けた、政治的な足場が構築される運びになったのであります。

この当時、政府の高官たちが最も恐れたのは、日本が列強各国の下で植民地化してしまうことでありました。実はこの時代、東洋においては、インドや中国と言ったアジア諸国が、イギリスを初めとする先進諸国によって次々と浸食されたことにより、これら列強国による世界的規模での属国の支配体制が次々と進んでいたのであります。従って、小国である日本は、その政治力等によって軍事力と経済力とを確立し、先行している列強各国に対して必死に追随して行くためにも、何としても、近代国家への転身を速やかに達成する必要があったのであります。

そして、その手段の一つとして、明治政府は、多くの高官たちを欧米の列強各国へ派遣し、それぞれの国の政治体制や経済政策等についての視察と調査を、積極的に進めて行ったのであります。

（2）基幹事業の成立

明治政府の発足後、政府の要人たちは、国力の増強に向け、先ず殖産興業に力を注ぐこととし、そのため、国内に様々な産業を移植することによって、日本を早期に欧米並みの資本主義国家へと押し上げようとしたのであります。

そして、近代化の妨げとなる封建的制度を取り除いた後、最初に取り組んだのが、今日で言うところのインフラ整備であります。

先ず、１９６９年（明治２年）には、東京と横浜の間に電信線が架設され、それはその後の５年間の間に、海底ケーブルの敷設によって長崎と北海道にまで延伸され、更に、それは中国の上海にまで延長されるに至ったのです。そして１９７１年（明治４年）になると、遂には、この電信線網を活用して成り立つところの速達電報の制度が始まることになりました。そして、それはその後に電話網に発展して行くのであります。

また、１９７２年（明治５年）には、東京と横浜との間において日本で最初の鉄道が開通したのであります。そしてその鉄道建設のための資金は、なんとその鉄道技術を導入したところのイギリスに依存したのであります。そして、この鉄道の建設はその後において神戸—大阪の間（明治７年）、そして大阪—京都間（明治１０年）へと次々と拡大されて行くこととなって、明治の中ごろにおいてはこれら鉄道路線の敷設は、同時に民営路線の建設も行われたことによって、ついに日本各地へと拡大されて行くことになりました。

そして、その一方において、鉄道建設に追随するように、主要な国道の整備が進められるところとなりました。

（3）殖産興業の進捗

殖産興業とは、一口で言うなら、明治新政府が推進したところの総合的な産業促進政策のことであって、要するに先行する西洋諸国に対抗すべく、鉱山の開発によって天然資源の採掘量を増大させることや、鉄道網の整備によって物資の輸送力を強化し、あるいは物品の生産現場を機械化して、大量生産システム化を実現すると言うことなのであります。そしてこれによって、日本の各地で銅他の鉱山開発が行われ、また、日本特産の生糸生産のための官営富岡製糸場が操業を開始し、その一方においては次々と鉄道が開通し、蒸気船の運行が始まると言うように、日本の産業活動は、この時代において一気に活性化を呈するようになって行くのであります。

しかしながら一方において、産業活動の活性化は、やがて物資の生産過剰を招くと言う危険性を併せ持つ事態なのであり、言うならば、弱肉強食の世界で生存競争が始まることでもあります。したがって、その後程なくして企業同士による離合集散が始まったことによって、結局のところは、年月を経るに従い、資本力に勝る財閥系企業集団の下において、中小の企業が次々と集約されて行くような結果になって、整理されて行くことになるのであります。

今日において、三井・三菱・住友・安田といった企業グループがそれぞれの牙城を築くに至っているのは、このようにして生存競争に勝ち残ったところの、言わば勝ち組の組織なのであります。

３－２　国土整備事業の推進

（１）道路の成立とその維持管理

道路は、人々の日常生活を支える社会インフラの中で最も重要なものであります。そのために日本では、明治以降の近代化の進展に合わせて、道路整備を国家の主要事業として位置付けた上で、その根幹をなす国道をベースとして、今日に至るまでに、日本の全土において急展開にて所定の整備が進められたところであります。

さて、道路と言うものは、基本的に次のように分類されます。

①　一般道（国道、都道府県道及び市町村道）

②　自動車専用道路（いわゆる高速道路）

③　特殊道路（私道、農道、公園内の特定道路など）

このうち国道は、全国の主要な地域を結ぶと言う、重要な役割を持つ幹線道路のことでありますが、その路線の数については、現在のところ、全国で５０７（欠番があるため実数は４６０）もの路線が存在します。また、国道については、管理上の区分として、１級と２級と言う差別があって、１級国道は国（所轄は国土交通省）の直轄によって、また２級国道については、それが位置する都道府県の別に従って、それぞれ維持管理が行われることになります。

なお、１級国道とは、１９５２年（昭和２７年）公布の道路法によって国道として制定された主要幹線道路のことであって、現在のところは、全国において５７号線までが存在します。

それではここで、国道として附番された路線番号の順に、上位の１０路線について、その概要を紹介します。

国道１号線	東京 － 大阪	７５８ｋｍ
国道２号線	大阪 － 福岡	６７５ｋｍ
国道３号線	福岡 － 鹿児島	５１８ｋｍ
国道４号線	東京 － 青森	８３６ｋｍ
国道５号線	函館 － 札幌	３０１ｋｍ
国道６号線	東京 － 仙台	４１０ｋｍ
国道７号線	新潟 － 青森	５８０ｋｍ
国道８号線	東京 － 京都	６０１ｋｍ
国道９号線	京都 － 山口	７９８ｋｍ
国道10号線	北九州 － 山口	５５６ｋｍ

（２）鉄道事業の成立と近年の展望

鉄道には、鉄道事業法に基づいたところの、いわゆる都市型鉄道があります。一方、現実の世の中にあっては、その他に、鉄道事業法による適用を受けることがないところの、軌道法に基づいて建設される「軌道」と呼ばれるものがあります。それらは、例えば森林鉄道や鉱山鉄道など言った設備のことであります。

さて、他国と比べて日本はその人口密度が極めて高いために、都市間における輸送または都市内での輸送を問わず、人員及び資機材の輸送において、鉄道事業が果している役割と言う点には極めて大きなものがあります。そして、その内で特に旅客輸送について比較すると、その総旅客輸送人数の点において、現在では日本は世界のトップを占める状況になっているのであります。

しかしながら、近年における情勢においては、欧米と同様、並行する高速道路網の整備が更に進捗したことによって、日本においてもモータリーゼーションの高まりは誠に著しく、そのため相対的に見て、鉄道輸送事業に対して向けられてきた関心が、近年においては多少とも下落する傾向にあって、その結果、将来的に心配されることは、これらの事業に対する公的支援と言った側面などが、今後は弱まって行くのではないかと見られる点であります。

そして、その結果として今日憂慮される点は、新たな路線の開拓であったり、設備の刷新と言った面への投資と言うような積極性のある経営展開が、かっての華々しかった時代と比較すると、今日では弱まっているのではないかと言うことであります。

（3）海上輸送と港湾整備の状況

日本における海上輸送の歴史は古く、古来より、米穀を始めとする物資は主として海路によって運ばれて、江戸や大阪と言った主要都市へと集約され、備蓄されて行ったのであります。そして時代が下った今日においても、国際貨物の輸出入の殆んどが、引き続き海上輸送によって行われていると言うのが実態であります。

最近における国際貨物の輸出入（これを国際物流と言います）においては、第一の点として、その殆んどにおいて規格化された輸送用コンテナーが用いられていて、その輸送においても、これを前提としたコンテナー専用船が使用されると言うことであります。そしてその港湾荷役には、ガントリークレーンなる大型機器を使用することによって行われます。従ってその荷役と言うのは、過去においては考えられなかった程の速さ（効率）で行われるのであります。

また、規格化されたこのコンテナーの運搬には、このコンテナーの輸送に特化した専用のトレーラーが用いられるのです。

一方、欧米各国を貿易相手国として、これら輸出入貨物を運搬するコンテナー専用船については、現在では１,４０００TEU クラスのものが就航するに至っています。そして、このような大型船舶の入港とその荷役に対しては、港湾施設の側に対しても種々の制約が生まれる事態が生じてきています。その制約上の問題から、今後はますます、東洋における「ハブ港」としての主役の立場が、上海港やシンガポール港へ移ってしまうと言う、かねてから懸念されて来た由々しき問題が、今後は、より一層深刻化して行くようになるだろうと言うことなのであります。

（４）都市部の近代化の促進

ここで論じたいのは、市民に親しまれる都市作りとは、一体どうすることかと言うことであります。どの地域であろうと、それまでの歴史の中で定着してきた、その都市（または地域）なりの特色と言うものは、必ず存在する事なのであります。従って、そのことを前提として、普遍的な考え方について述べることとします。

先ず初めに申し上げたいことは、都市機能の整備に関することであります。今日的な発想においては、先ず、商業地と住宅地や農業地を適切に区分することと、それに伴う交通体系を適切に整備することが求められます。次いで、学校及び病院等の配置に応じ、福祉関係施設を整備することによって、老人その他の弱者らへの対策を強化する施策が求められます。そしてさらに、都市としての景観を保全しつつ、一方で有害・危険の排除を積極的に行うことが求められるのが通例となります。また、その上での方策として、その土地ならではの特色を加味しつつ、地元意識の高揚を促すための演出を加え、それが定着して行くように持続的な努力を重ねた上で、更なる吟味を続けて行くことが必要ではないかと思うのであります。

（５）農村部の近代化の促進

米麦やジャガイモ、野菜と言った農産物は、日本人にとって必須とされる農業生産品であって、仮に生産量が多少でも減少するようなことがあるとすれば、それは由々しき事態になってしまうと言うことなのであります。従って、農業生産物の生産量の維持は、日本の国力を維持する面においても、大変重要な問題であります。

今日における、農業分野の近代化のための課題とされていることとは、次のような事柄であります。

① 他産業との間において、生産性において格差がみられるのでその格差是正のための工夫を要すること。

② 上の理由に伴って、他産業との間に見られる農業従事者の所

得格差を是正するための方策を確立すること。

そして、そのための対策として必須とされる事柄が、以下に示すような農業経営の近代化に係わる事柄だとされます。

○　家父長的経営の見直しと組織化

○　近代的農業技術の積極的な導入

○　簿記の導入による経営管理の確立

○　経営規模の拡大と生産品の見直し

また一方では、現実的により深刻な問題として、そこに横断している根本的な事柄は、営農者の後継者が不足していると言うことではないかと考えられます。このことは今日においては、北海道などを除き、全国に共通するとも言える根本的な課題であります。

しかしながら、近年においては、そのための打開策として、大勢の営農者が集まって組織を作り、耕作する品目を揃え、大型の農業機器を導入するようにすることによって農作業を合理化し、一方では生産品の販路を固定化することで、無駄な役務を省く等の工夫をすることによって、営農のあり方を根本から変えると言うような試みは、既に日本の各地で行われていることであって、それによって大きな成果が出せるようになったとされる事例などは、目を全国に転じてみれば、枚挙にいとまがないことなのであります。

要するに、これまで抱えていた旧態依然とした農業経営の概念を打ち破ってみれば、そこには、自ずから新しい道が開かれると言うものであろうと考える訳なのであります。

３－３　教育環境の整備

（１）教育制度の導入

日本人の知識水準は、江戸時代にあっても、諸外国と比べ決して劣るものではなかったのですが、しかしながらそれは、ほんの一部の知識人たちによって支えられていたものであったのです。

さて、時代が進んで明治となり、身分による格差が排除されるようになったことによって、これにより進められたのが文明開化政策であって、そのうちでも特に、近代国家の形成のために、国民全てを一律に教育・指導し、その知識レベルを引き上げるための、学校教育制度の確立とその徹底と言うことが、明治政府の内部で声高に叫ばれるようになって行ったのであります。

そして、明治の初期にあっては、先ず、西洋の進んだ知識・技術の取入れを重視して、外国人の専門家を招聘した上で、教育とその実践が進められました。また、これを追うようにして、その後には徐々に、尋常小中学校から師範学校そして帝国大学にまで至る、教育システムが整備されるに至ったのであります。

この時代にあっては、子供を学校に通わせるにはそれなりの生活水準が必要であったのでありますが、それでも明治３３年代において、義務教育とされた年代の子供らの就学率は、すでに約７０％にまで達していたのであります。また、１９０７年（明治４０年）には義務教育の年限がさらに延長されながら、その就学率は更に向上して行ったのであります。これは、当時における明治政府が果した全人教育への尽力の賜物でもあります。

（２）教育改革とその結果

日本においては、第一次世界大戦（１９１４年～１９１８年）を経験したことによって、その結果として、その後における教育問題に対する世論の考え方が再び強く刺激されるようになって行き、また一方において、日本社会における資本主義化等が一気に急拡大を始めたことによって、教育制度の拡充及び学校の再編などを求める世論の声が、日増しに高まって行ったのであります。

その結果、１９１７年（大正６年）に、政府の内部に「臨時教育会議」なるものが設置されて、教育制度の見直しがおこなわれたのであります。そして、これによって、各地において国立大学の設立が認可されて行き、また、それまで高等専門学校とされていたものが、新たに大学へと改組されることになったのであります。

これにより、日本国内においては、官立及び私立を問わず、大学や高等専門学校の数が一気に増大することになって、以降、日本においては、いわゆる高学歴化社会とも言うべき状況が急速に形成されて行くようになるのであります。

なお、日本の特徴として、今日では国内にいわゆるミッション系と称される大学（高校を伴うことが多い）が多数設立されに至っています。ミッション系と言う意味は、単純化して申し上げるならばキリスト教系と言うことであるので、当然のこととして、その教義の中には宗教的な要素が含まれて来ます。

最近における日本の進学率は、高等学校への進学率が９７％であるのに対して、大学（短大を含む）進学率が５８.６％、専門学校進学率は２４.０％であって、このうちの女性が占める割合いについては、なんと５０％を超えているのであります。

しかしながら、この大学等（専門学校を含む）への進学率を諸外国と比較して眺めてみると、世界で最も高い国はオーストラリアであって、他には、アイルランド、ポルトガル、ポーランド等が続いて進学率が高い国であるとされています。

３－４　法的整備の進捗

（１）行政と法令の関係

法治主義とは、「国家のあらゆる社会活動は、法令に従わなければならない」と言う原則のことであります。従って、行政における法治主義とは、行政活動は、ある担当者の恣意や部外者からの圧迫によるのではなく、客観的な方法に従って行わなければならないと言う、一種の規範的な要請を意味しています。

また、今日の社会においては、法律と言うと、それは立法府が制定した規則のことを意味し、その法律によって、行政における恣意や専横を防ぐと言う趣旨がそこに込められています。

そして、そもそもこれらの法律には、そこに、次の三つの原則と言えるものが織り込まれています。

○　国民の権利と義務に関する法規は、国会の議を経て制定する。
○　法律がある場合、その行政作用は、法律に反してはならない。
○　一定の行政作用については、法律の根拠がなければならない。

また、現在の行政法においては、その行政的特質に起因し、公益保護の見地から、私人相互間の利害調整を超える場合の特殊な規律を定め、さらに、その目的の達成のために公権力の行使を認め、その一方においては、行政に対する手続きの適正化と説明責任、行政活動に伴う特別の負担の救済、社会福祉の向上、更には私権相互間の利害の調整と言った事柄などが求められているのであります。

（2）生活に係る主要な法令

２－１　個人情報保護法

この法律は、今日における高度情報通信社会の進展に伴い、近年は個人情報の利用が著しく拡大していることに鑑み、個人的な情報の取り扱いの適正化のために、その基本的な理念並びに個人情報の保護に関する行政上の取り扱い等の、基本的施策となるべき事柄について定めたものであります。

また、その目的のために、国及び地方公共団体等の責務を明らかにするとともに、個人情報を取り扱う際に各々の事業者が尊重すべき義務を明確に定めることによって、個人情報の適正かつ効果的な活用と言うことが新たな産業を創出し、更には、活力ある経済的な社会と豊かな国民生活の実現にも資するとして、個人情報と言うものの秘匿性に十分配慮しつつ、それを利用する場合に伴う、個人の権利並びにその利益を保護する旨を定めています。

２－２　生活保護法

この法律の原則は、日本国憲法第２５条に規定されている理念に基づいており、生活に困窮する総ての国民に対し、その程度に応じて必要な保護を行い、その最低限度の生活を保障すると共に、その自立を手助けすることを目的としています。そして、本法の制定においては、その目的達成のために、次の原則が設けられています。

1　国家の責任による最低生活の保障

2　無差別・平等の原則

3　補足性の原理（その者の資産・能力その他の全てを活用する）の導入

２－３　配偶者暴力防止法

この法律は、配偶者からの暴力に係わる通報・相談・保護、及び暴力を受けた者の自立支援等の態勢を整備し、配偶者からの暴力の防止及び被害者の保護を図ることを目的としています。

なお、その目的の達成のために、本法の制定においては、次のような基本的な原理・原則が定められています。

1　国家責任による最低生活の保障

2　無差別・平等の原理と、最低生活保障の原理

3　補足性の原理　（困窮する者の資産・能力その他、あらゆる物を生活の維持のために活用する）

３－５　金融制度の改革

（１）金融制度の歴史

金融に係わる制度の歴史を語ることは、今までの国による政策の展開を抜きにしては出来ないことなのであります。なぜなら金融とは経済活動における「血液循環」のことであって、資金（血液）の循環が滞るようなことがあると、社会には大きな混乱が生じますから、その意味で金融システムの管理は、国家の運営にとって大変に重要な意味を持つことであります。従って、各国の政府は、そのために自国の金融状態を常に監視するだけではなく、今までに何度にも亘って、その都度、規制や指導と言う名目によるコントロールを行ってきたのであります。

我が国の今日の金融制度は、まさに、そうした制御の体制を強化することによって維持されて来たと言えます。その意味で、その特徴は「銀行中心の金融システムの推進」であって、銀行と証券業務の分離、長期・短期の金融業務の分離、金利規制の実施、外国為替金融の専業化、そして、郵貯資金を理用した政府系金融機関による支援の強化、と言った取り組みを軸にして進められて来たのであります。これは、家計（国民一人一人）から集めた資金を、各銀行を通じ、低利で各企業に送り込むことによって、大企業の育成と成長を少しでも早めようとするものであります。つまり、この政策の狙いは、全ての船を、最も遅い船の速度に合わせて運行させることによって、すべての船を一斉に目的地に着かせようとすることに相似していて、従って、この政策のことを別名「護送船団方式」とも呼ぶのであります。こうした取り組みは、実は、戦後の復興期からその後の成長期へと続く間においても引き継がれて来て、海外からも注目され、奇跡とまで言われた、過去の高度経済成長を支えて来たところの「成功のモデル」政策であったのであります。

しかしながら、その一方においては、社債や株式の発行が業界の自主規制によって制限されるなど、直接金融の育成とその環境整備は、欧米に比べて遅れを取ってしまったとも言えます。
当時は多くの企業が社債市場から締め出されて、銀行からの借り入れが資金調達の唯一の手段であった訳でありますから、止むを得ないことではあります。そして国民の側にしても、この時期においては、利殖を得ようとするには、銀行預金を選択するしか他に方法がないと言う環境に置かれていたのでありました。

（２）金融制度改革の機運と結果

１９９６年（平成８年）１０月、総理府における金融ワーキンググループが「わが国の金融システム活性化のために」との報告書を取りまとめました。これは、当時における経済成長の成熟化（言い換えれば、経済成長の鈍化）及びバブルの崩壊によって、１９９０年代に入って空洞化しつつあった日本の金融市場を、ニューヨークやロンドンと並ぶ国際市場として地位を向上させて、日本の経済を再生させようとする狙いが、そこにはあったものとされます。

そしてこれを受け、当時の橋本内閣は、この金融改革を２００１年（平成１３年）までに行うよう指示したのであります。その際に改革の３原則とされた事項とは、次のようなものでありました。

① 金融市場を、市場原理が機能する自由な市場とする。

② 金融市場を、透明で信頼できる市場とする。

③ 金融市場を、国際的な市場とする。

しかしながら、２０００年代に入ると、銀行と証券会社等の金融機関同士の間で同じような保険の募集が行われたり、また、個人型確定拠出年金の制度が登場したり、また一方においては、都市銀行と証券会社等において再編（グループ化、メガバンク化）が進んだりしたことによって、この時期に問題化した第一次金融ビックバンはようやく終焉することとなったのであります。

3－6　災害の予防とその対策

（1）水害及び土砂災害

近年は、地球の温暖化に伴って気象の状況に変化が見られ、特定地域における集中豪雨の頻発が懸念されるような傾向になって来ています。そのような状況の中にあって、河川の流域を脅かす水害や土砂災害から地域住民の暮らしを守るためには、例え大雨が続いたとしても、流域のダムによる水位が適正に調整されていて、堤防の高さを超えるような水量が流れ下るようなことが起こらない限りにおいてば、問題は避けられる訳であります。

しかしながら、最近の日本の水害事例を見ると、特定地域において線状降水帯が停滞すると言った事象によって、これまでにない程の降雨量が発生し、大きな水害が引き起こされると言う状況は、近年では毎年のように生じるようになって来ています。また、それによって、急峻な土地でのがけ崩れが頻発するようになっています。

このような気象災害の変化の傾向が、一体何によって生じるかは必ずしも明確ではありませんが、それとなく想像できるのは、やはり、地球温暖化の影響と言うことなのでありましょう。

したがって、大事なことは、現在、既に起きている気象の特異性と言うものは、一時的なのものと見做してしまうわけにはいかない極めて大きな課題だと言うことであり、そして、それに対する今日的な対策が求められるところなのであります。

（2）森林火災

火災に関しても、近年は極めて特異性が認められるようになっています。それは、山火事の多発であります。南米のアマゾン川上流域においては、これまでにも毎年のように大規模な森林火災が発生していることは既に認識されているところですが、最近はアメリカにおいても、また、オーストラリアにおいても大規模な森林火災が生じているところであり、また、昨年（令和２年）には、日本においても足利市において大規模な山火事が発生していて、鎮火に至るまでに数日を要してしまったことについては、すでにご承知になっておられる方々が多いことと思います。

山火事の原因としては、日本では、落雷か、あるいは、たばこの不始末が殆んどだと言われていますので、その点での抜本的な対策と言うものが、速やかに求められるところであります。

（3）地震災害

日本は地震国でありますから、単なる有感地震の類であれは、年中ひっきりなしに起きていると言って過言ではありません。その中において、大きな災害を引き起こすに至った地震と言えば、最近では、なんと言っても１９９５年（平成７年）に起きた阪神淡路大震災であり、２０１１年（平成２３年）の東日本大震災であると言えましょう。そして、いずれの地震によっても、非常に大規模な災害が引き起されたことは、多くの人々の脳裏に、未だに鮮明な記憶として残されているところであって、その意味において、過密都市における避難誘導と言う大事な問題の在り方に関する議論が、日本では全くもって進んでいないと言う今日の事態と言うものは如何ともし難いところであります。その意味において、この際、コロナ禍の問題のように、行政に責任を有する人達による、組織だった議論と言うものを、じっくりと確認してみたいところであります。

第４章　戦争への関与とその結果

４－１　日清戦争の意味と結果

（１）日清戦争の予兆

　１８９４年（明治２７年）の１月上旬、重税に苦しむ朝鮮の民衆たちは宗教結社の指導の下で蜂起するところとなり、それによって農民による大規模な反乱が勃発してしまいした。そして自力による鎮圧が困難であることを悟った李氏朝鮮政府は、その宗主国である清国（中国のこと）に対して応援を求めたのであります。

　一方、それによる清国側の派兵の動きを見ていた日本政府は、先年締結していた天津条約に基づいて、６月２日に、日本人居留地における日本人の保護を名目として朝鮮への派兵を決定し、その３日後には大本営（戦争指揮機関）の設置を行ったのであります。

　一方、日本が兵力を送り込む情勢になったことを危惧した朝鮮政府は、この宗教結社と和睦し、民衆の反乱を速やかに終結させるとして、日清の両国に対して撤兵を求めたのであります。しかしながら日本政府は、朝鮮における内乱は未だに完全には収まっていないとして、安全保障のための内政改革の必要性を訴え、６月１５日には日清両国の共同による、朝鮮内政改革の案文を清国側に提示したのでありますが、清国側はこれを拒絶した上で、逆に、日清双方の同時撤兵を提案してきたのであります。

　しかしながら、これを受けた日本政府は、同年６月２４日に朝鮮の内政改革断行を宣言し、清国に対して最初の絶交書を書き送ったのであります。そして同時に、追加部隊が日本から朝鮮半島へ派遣され、それによって、同月末の時点で、清国兵が２千５百人であるのに対し、日本側からは８千人にも上る朝鮮駐留部隊が、ソウルの周辺に参集すると言う事態になって行ったのであります。

（２）日清戦争の開戦

１８９４年（明治２７年)、日清の同時撤兵を主張する朝鮮政府及び清国側と、朝鮮の内政改革を要求する日本との間において交渉が行われたものの、結局は決裂の状態となったために、日本政府は７月１４日に２度目の絶交書を清国側へ通達したのであります。

また、その一方において、日本はイギリスとの間で外交交渉を続けており、同年の７月１６日に「日英通商航海条約」の締結に成功していたのであります。

そして、懸案であった日清双方に対するイギリスの中立的な立場を確認した日本政府は、翌１７日には清国との開戦を閣議にて決定し、その後、朝鮮王宮を事実上占拠して、高宗（朝鮮王国第２６代国王）から朝鮮独立の意思を確認し、その上で清国兵追放の要請を引き出したのであります。その結果、この大義名分の下で、その後の日本は海戦と陸戦とを経て清国駐留部隊の駆逐に成功し、ソウル周辺を勢力下に置いたことによって、遂に日本は、改めて清国に対して宣誓布告を行ったのであります。

１８９４年（明治２７年）８月に進撃を開始した日本陸軍は朝鮮半島を北上し、清国の陸軍を撃破しつつ、９月には朝鮮半島を制圧して、鴨緑江（中国大陸と朝鮮半島の間に横たわる大河）を越えて翌年の３月には遼東半島全域をほゞ占領し、さらに、同年９月には日本海軍による、黄海での敵国艦隊との間の決戦に勝利したことによって、また、その後の１１月には、陸軍が遼東半島の先端に位置する旅順港を占領し、その翌年（１８９５年）の２月には山東半島を攻略したことによって、ついに日本軍は、黄海とその北側の渤海における制海権を掌握することとなり、その反対に、一方の清国側は戦意を喪失することとなったのであります。

（３）日清講和条約の調印

以上の結果、その後の１８９５年4月１７日に、日本と清国との間において「日清講和条約」が調印されるに至って、両国との間で講和が成立すると共に、日本は清国に対し、李氏朝鮮の独立を清国に認めさせたのであります。そして、これにより台湾とその西側の湘湖諸島及び遼東半島が日本に割譲され、また、日本に対する賠償金として当時の価値で２億円が支払われた他に、清国に対し、日本に対する最恵国待遇を承認させたのであります。

しかしながら、その後の露仏独の三国によって行われた政治的な干渉によって、その後に、日本は遼東半島を手放すことになったのでありました。

４－２　日露戦争の意味と結果

（１）日露戦争の背景

日本（当時は大日本帝国と呼んだ）の政権当局は、自国の安全保障体制を堅持するためには、日本が朝鮮半島を占領すると言う政策を続けて行くことが、ロシア帝国（以下、略してロシアと言う）の南下政策による、同国の権益の拡張と言う戦略的な脅威に対抗する方策として、極めて重要なことであるとの認識に立っていました。

しかしながら、それはロシアにとっても同じであって、この当時のロシア当局は、満州及び関東州（遼東半島の南端にあった日本の租借地）の租借権や当地における鉄道敷設に伴う権利の確保、及び満州還付条約に対する不履行の維持（軍隊を満州に駐留させ続けたこと）そして、朝鮮半島における種々の利権の拡大等と言った事柄を通じ、日本に対して不満を持ち続けていたのであります。

つまり、日露戦争が勃発したのは、このような両国の不満と軋轢が交錯する中において、日本側からの戦線布告によって開始されたものであります。

（２）日露戦争の性格

日露戦争は、２０世紀になって最初に生じた、日本とロシアとの間の総力戦とも言えるもので、帝国主義的な国際外交が関係したところの、極めてグローバルで規模の大きな戦争であったために、後には、俗にこの戦争を「第０次世界大戦」であったと見做す論者も出るほどのものでありました。それ故、この戦争に対しては、日本とロシアの両陣営に対して諸外国から多くの観戦武官たちが派遣されており、そのうち日本に対しては、１３の国から合計７０名にも上る立ち合い者が来陣しました。

（３）朝鮮半島をめぐる日露の対立

当時、すでに満州を勢力下に置いていたロシアは、その後、朝鮮半島に侵入し、更なる南下のための作戦を展開させていたのであります。当時のロシアは、満州に続いて朝鮮半島においても、鉱山の開発や森林の伐採等々の権利を取得していて、その有り余る勢力を活用するために新天地を求めたのであります。

ところが、ロシアによるこの朝鮮半島の南下戦略に対して、日英米の３国がこれに抗議したために、ロシアは撤兵を約束しましましたが、しかしながら、その履行期限が過ぎても同国の撤兵は行なわれることがなく、むしろその逆に、駐留する勢力の増強すら図られていたのであります。

このような世界情勢の中において、１９０４年（明治３７年）に日本はついにロシアに対して宣戦を布告しました。

そして、この状況に対し、先ず危機感を募らせたのがイギリスでありました。もともとイギリスは、ロシアが希求していたところの南北政策に対して強い警戒心を抱いて来ていたために、同じ資本主義を標榜するところの日本との間で、１９０２年（明治３５年）に同盟関係（日英同盟）の締結に踏み切っていたのであります。

そして、結局、同盟国でもある、このイギリスによってもたらされた政治的な圧力によって、ロシアの朝鮮半島における南下政策が阻止されるところとなり、それによって、ロシアの朝鮮半島からの撤退、そして満州からの撤退と言うことが実現するところとなったのであります。

しかしながら、当時の日本の内部においては、政府の要人たちによる論争が延々と続けられるのみであって、その統一見解と言うものは、容易にはまとまらなかったのであります。

（４）日露講和条約の締結と韓国併合

この戦争は、結局、アメリカ大統領のローズウェルトによる仲介を得て、アメリカのポーツマスにて、１９０５年（明治３８年）に日露両国の間の直接交渉が行われることとなりました。この場において日本を代表したのは首席全権大使（外務大臣）の小村寿太郎であって、彼は朝鮮半島を日本の支配下に置き、一方の満州をロシアの支配下に置くとの前提において交渉を進め、その結果、両国は次のような内容において合意を行ったのであります。

① ロシアは、韓国に対する日本の指導権を認める。

② ロシアは、遼東半島の旅順・大連の租借権、長春以南の鉄道とこれに付帯する利権を日本に譲渡する。
③ ロシアは、沿海州とカムチャッカにおける漁業権を日本に対して認める。
④ ロシアは、北緯５０度以南の樺太（サハリン）と、これに付属する諸島を日本に譲渡する。

今日、この協定は、通称、ポーツマス条約と言われているものであって、その後の日本とロシアとの関係のあり方に対して強い影響をもたらすものでもありました。

そして、日本政府（第一次桂内閣）は、ポーツマス条約によって欧米各国が韓国に対する日本の支配権を認めたことによって、今こそ韓国を日本の保護国とする好機であるとして、１９０５年に日韓協約を締結して、韓国の日本併合を実行したのであります。

（５）日露戦争後の国際関係

日本は、日露戦争に勝利したことによって、アジア大陸への進出の足掛かりを得ることにはなりましたが、そのことは、実は一方で同じ思いを抱いている、アメリカその他の列強諸国の人々との間において、新たな軋轢を生む恐れを抱えることなのでありました。

その一つが、孫文によって引き起こされたところの辛亥革命なのであります。孫文はハワイにて革命組織を興した後、日本にて中国同盟会を結成、その後、孫文の影響を受けた革命軍が中国の武昌と漢陽とを武力制圧し、これによって、革命軍としての新政府がその成立を宣言した一方、清国側においては、この革命軍の制圧に失敗してしまったのであります。

これを辛亥革命と言い、１９１２年（明治４５年）１月に南京において孫文が中華民国の臨時大統領に選出され、一方の清国においては、その翌年、清朝最後の皇帝であった「溥儀」が退位したことによって、ついに清国が滅亡することになってしまいました。

その後、中国では、この辛亥革命の後に国民党が結成されることによって共産主義国となり、その国名を、新たに中華人民共和国と名乗ることになったのでありました。

一方、この当時においは、既に大勢の日本人がハワイやアメリカ西海岸地域等々へ移住すると言う、移民活動が進められていたのであります。しかしながら、激動していたこの時代においては、これによって入植した日本人に対して、あからさまな排斥運動が行われたりしていたのであります。当時の世界情勢としては、このような状況については、戦争による一種のマイナス影響として柔軟に受け止めて、我慢をざるを得なかったのであります。

４－３　第一次世界大戦の意味と結果

（1）第一次世界大戦への突入

第一次世界大戦の勃発に関しては、その引き金となった出来事があります。１９１４年6月２８日に生じたサラエボ事件のことであります。この事件は、ユーゴスラビアのサラエボを視察中であったハンガリー帝国の王位継承者であるフランツ・フェルデナント大公が、セルビヤ（ユーゴスラビアの東部都市）の民族主義者の青年に暗殺される（サラエボ事件）と言うものであります。

その結果、同年の８月１日、ハンガリーがセルビヤに対して宣戦布告をすると、セルビヤの宗主（同盟の親）国であるロシアはこれを受けて、急処、当時の同盟国でもあったフランスに対して戦線を開くように要請し、そして、これに応じたフランスはロシアの要請を受けて、総動員体制を展開することになったのであります。しかしながら、その一方において、ドイツ自体はこのフランスに対して戦線布告を行ったのであります。

当時、独仏間国境のほとんどは要塞化されていたために、ドイツは先ず、ベルギーとルクセンブルグを侵攻しました。

一方、この時点で、イギリスがドイツに対して宣戦布告をしたために、イギリスとの間で同盟関係にあった日本は、ドイツに対して宣戦布告を行ったのであります。

（２）第一次世界大戦のその後の展開

この戦争においては、１９１４年９月に行われた第一次マルタ会議によって、ドイツ軍によるパリ市内への進撃が止められることになったために、フランスを相手とする西部戦線は、結局、単なる消耗戦の様相を呈するようになって、その一方で、ドイツはロシアによる東プロイセン侵攻を食い止めるに至ったのであります。

そして、その後ロシアは、１９１７年の２月革命によって、それまで続いてきた帝政が崩壊してしまったことによって、結局、この大戦からの離脱を余儀なくされることとなってしまい、また、一方のドイツにおいても。国内にて革命が生じたことによって休戦協定が締結されるところとなり、ドイツと同様に戦線から撤退して行くことになってしまいました。

（３）第一次世界大戦への日本の参戦

日本は、国内的な事情によりこの大戦への参戦には異論があったものの、結局は緊急閣議において参戦を決議して、当時の大隈重信首相は、同盟国のイギリスを支援することとし、これによって日本は艦隊を地中海方面に派遣して所定の軍事行動を行わせ、その一方では、次のような政治的な展開を行ったのであります。

① 太平洋南方地域において、マリアナ諸島、マーシャル諸島及びカロリン諸島その他の南洋諸島の占領を行うこと

② ドイツの勢力を東洋から駆逐すべく、中国の山東半島の膠州湾に面したドイツ要塞の青島（チンタオ）を占領すること

③ チェコスロヴァキアを支援する名目において、シベリアに立ち入り、その上でロシアの政治情勢を偵察すること

一方、ロシア革命の翌年の１９１８年には、日、米、英、仏、はこの革命に干渉するために、チェコスロヴァキアへの支援を名目として、シベリアへの出兵を行ったのであります。

また、当時の日本は、アジア及び太平洋方面の各地の南洋諸島に向けて数隻の巡洋艦を出航（出陣）させることにより、この時代には既にドイツ領となっていたところの、赤道以北の島々を占領すると言う、戦略的な展開を実施していたのであります。

（4）第一次世界大戦の国内への影響

第一次世界大戦は、主としてヨーロッパ地域を戦場としたものであっただけに、遠く離れた日本においては、率直に申し上げるならば、必要とされる最小限度の戦力を他国の領域に差し向けると言うだけの、比較的に負担の軽いものでありました。

しかしながらその一方において、日本の国内においては、綿布や綿製品、日用品、そして軍需物資と言った品物を主体とした貿易品に係わる輸出量が次々と増大するようになって行き、その結果として、これら輸出物資に係わる工業生産が活況を呈し、また、それに伴って、これら商業取引の他に鉄鋼業や化学工業、造船業、そして

これを支える海運業や電力事業等々と言った業界までが潤うようになって行ったのであります。その結果、産業全体における生産額は約４倍に伸長し、また、産業全体における工業生産が占める金額の割合はそれまでの約１.６倍にも増大したのであります。

　しかしながら、その一方においては、この好景気がインフレをも招くこととなってしまい、種々の物価がそれまでの３倍にもなってしまうと言う実態までが生じてしまったため、その反動による統制政策によって、米価が抑制されてしまった農民たちの側は、極めて苦しい立場に立たされてしまったのであります。

４－４　第二次世界大戦の意味と結果

（１）戦争の発端と開戦

第二次世界大戦は、１９３９年（昭和１４年）から１９４５年の６年間もの長きに亘って行われたところの、世界的規模の大きな戦争だったのでありました。

この戦争に係わった国々とは、日本（この当時は、大日本帝国とも言った）ドイツ、イタリアの、いわゆる三国同盟を軸とした枢軸国を形成する側の陣営と、これに対抗するところのアメリカ合衆国そしてイギリス、フランス、ソビエト連邦（現在のロシア）、ポーランド、オランダ及びベルギー、そしてオーストラリア、ブラジル等と言った、欧米を中心とした、当時の自由主義的陣営側の各国でありました。

もともと、この戦争と言うのは、独ソ不可侵条約なる秘密議定書によって１９３９年に始まった、ソビエト連邦によるポーランドへの侵攻がその発端となっていて、それについては、欧州議会において「ナチスとソ連と言う二つの全体主義的体制国による密約が、この大戦の道を開いた」との趣旨の決議が採択されているところなのであります。その結果、イギリスとフランスとによってドイツに対する宣戦布告が行われるところとなって、遂に、ヨーロッパのほゞ全域が戦場と化すことになったのであります。

そして、その後においては、イギリスとオランダが中心となって東南アジアでの植民地に対する攻撃（マレー作戦と言う）が開始され、その一方においては、１９４１年１２月８日（この日に、日本が初めてこの戦争に参戦した）に行われたところの、日本の艦隊による米国ハワイの真珠湾攻撃によって、その戦線は、ついに太平洋の全域にまで拡大するに至ったのであります。そしてこれは、後の時代に太平洋戦争と呼ばれるところとなった、日米間における戦争の端緒ともなった出来事なのであります。

（２）その後における世界の戦況

この第二次世界大戦においては、その戦域はヨーロッパ各地、北アフリカ及び西アジア地域（こちらは、いわゆる欧州戦線）そして東アジア、東南アジアと太平洋諸島、インド洋及びアフリカ東南部そして北アメリカ、オセアニアへと、次第に拡大されて行く情勢になって行くことになります。そして、欧州側における地域においてはドイツとイタリアが主軸となって戦線が開かれ、一方、東アジアや太平洋諸国との間における戦線においては、日本が主軸となってこれに対応すると言うような関係になって行き、この大戦における各地域での一連の戦争が進められて行ったのであります。

また、この戦争においては、その戦火と言うものが、その後にはこれらの地域を飛び越えて、アジア太平洋地域のみならず、中東や中米そしてカリブ海方面へと拡大して行くこととなって、文字通り世界規模の大戦に発展して行ったのであります。

（3）この戦争の性格とその結末

この戦争において、日本はその目的を「大東亜共栄圏」の建設にあると宣伝しました。この大東亜共栄圏構想とは、およそ次のような内容のものなのでありました。

① 大東亜の安定を確保して、共存共栄の秩序を高める。

② 互いにその伝統を尊重し、各民族の創造性を伸ばす。

③ 人種的な差別を撤廃して、積極的に文化交流を行う。

そのために、日本はこの戦争において太平洋地域における領域と権利とを死守すべく、懸命の努力を行ったものの、しかし敵対する相手国側の主体とは実はアメリカなのであって、彼らが持つ財力と技術力と言う面での絶対的格差と言うものは、当時としては如何ともし難く、結局のところ、時間の経過を経るに従って、その戦況ははなはだ思わしくなくなって行ったのであります。

そして、これに対する立場の日本は、海域における守りの要となる大型の戦艦である大和や武蔵等を建造し、戦地に向けて出動させる計画とし、またその一方において、現下の戦況の悪化を補うために戦闘機を大量に製造し、これに青年士官を搭乗させることによる特攻作戦（敵の艦船に戦闘機を突入させること）を強行さて行ったり、また昭和１８年に入ると、１８歳以上の男子の殆んどを兵役に就かせると言った、極めて無茶な政策を強引に推し進めて行くことによって、何とか戦況の転換を試みようとしたのであります。

しかしながら、１９４５年（昭和２０年）７月２６日にアメリカ大統領、イギリス首相、及び中華民国政府主席の３者連名において日本側に向けて発表した、全１３ケ条からなる「ポツダム宣言」は言うならば、日本に対して降伏を要求するための最終通告とも言うべき性格のものでありました。そして、既に明らかに劣勢にあった日本は、ついにこれを受諾したことによって、相手の連合国の側においても、この戦争を最終的に終結させる方向に進めることが確認されたのであります。

ところが、現実の問題としては１９４５年（昭和２０年）に入り８月６日に広島に原爆が投下され、続いて８月９日には長崎にも原爆が投下されたことによって、その各々にて未曽有の人的及び物的な被害が生じるという結果になってしまったことを受け、その後の８月１５日に天皇による玉音放送（終戦詔書の朗読）が行われるに至り、ここにおいて日本政府は、この戦争に対して終戦（敗戦）を宣言することを決定したのであります。

（４）アメリカによる原爆投下の狙い

その後、米国のテレビ局が流した放送によると、仮に、連合国側が最終通告を行っていた１９４５年５月の段階にて、日本が降伏について態度を明らかにしていれば、日本本土への原爆の投下と言うような悲惨な事態は避けられたのでないかと論評しています。またその一方で、そもそも原爆の投下地点に関しては、その当時においては、次のような３つの選択肢があったとされています。

① 無人島などの日本本土以外の場所に投下して、単にその威力を示すに止める。

② 軍事的な場所（例えば軍港や軍事基地など）の破壊をその主な目標とする。

③ 人口が密集する場所を狙うことによって、その脅威を日本の人々に知らしめる。

そして、その結論として、日本の全国民に対して戦争の脅威ということを思い切り知らしめるために、結局、広島と長崎という適度に人口が密集していた二つの都市が選ばれるという結果になってしまったと言うことだと思われるのであります。

（５）世界大戦終結後の後始末

敗戦国の日本においては、その後、勝者である連合国の側を代表して、１９４５年（昭和２０年）９月２７日に米国のマッカーサー元帥が来日し、天皇陛下との間で会談を行ったのであります。

また、この連合国の側においては、日本を統治するための機構として「ＧＨＱ（連合国軍最高司令官総司令部）」なる組織が設けられることによって、その実務が執り行われたのであります。

この時代における日本の立場と言うのは、実質的には、アメリカ単独による占領地のようなものであったと言え、また、その後における戦争処理の過程においては、各種の責務を負わなければならないところとなりました。そして、その内容と言うのは以下のようなものであります。

その１　ポツダム宣言の受諾に係わる事項について

① 陸海軍の解体、軍需工業の停止

②　治安維持法、及び特別高等警察の廃止
③　政治犯の即時釈放
④　戦争容疑者の逮捕
⑤　国家と神道の分離
⑥　戦争犯罪人の公職追放

その２　ＧＨＱによる五大改革に関する指令について
①　婦人に対する参政権の付与
②　労働組合の結成の奨励
③　教育制度の自由主義的な改革
④　密警察などの、圧政的な制度の撤廃
⑤　経済機構の民主化

そして、１９４６年５月から始まった戦争指導者（A級戦犯）を裁くための極東国際軍事裁判において、その約２年半後に判決が言い渡されて、東条秀樹以下７名の者に対しては絞首刑が申し渡されて、また１６名の者に対しては終身禁固刑が科されることになったのであります。

しかしながら、その一方で、当時、満州方面にて生物（細菌）兵器の開発に関わって行われたとされる日本軍の疑惑行為に関しては戦争犯罪の対象とはされなかったのであります。

４－５　日本の国境と付帯する問題

（１）問題の概要

日本の国は、日本列島を構成する本州を中心として北海道や四国九州及び沖縄諸島と言った、その領域内にある数多く存在する島々から成り立っています。そして、日本の国内において安寧に生活を送っている多くの国民の方々においては、わが国の領域と言うのは自ずから明白なものなのだと思われているのかも知れません。

しかしながら、現実には、国の領域を区分する国境と言うものについては、現在もなお、多くの問題が残されていると言うのが実態なのであります。それらが、以下に述べるところの北方領土問題であり、竹島問題などであります。

（２）北方領土の問題

１８５５年（安政２年）に伊豆の下田にて行われた日露両国間の交渉において、日本とロシアとの間で「日露和親条約」が調印されるに至り、これによって択捉島とウルップ島との間において国境が成立したのであります。そして、択捉島・国後島・歯舞諸島及び色丹島から成る、いわゆる北方四島は、今までに一度も他国の領土となったことが無いところの、日本固有の領土なのであります。

しかしながら、１９４５年（昭和２０年）の第二次世界大戦の終結の際に、この北方四島がロシアによって占領されてしまった後においては、今日に至るまでの間、これらの島々は、ロシアによって不法に占拠されたままの状況が、今もって続けられて来てしまっていると言うのが現状なのであります。

この問題に対しては、その後に、日本の首相が度々ロシアを訪問し、問題の解決に向けて、その糸口を見出そうと努力をして来てはいるものの、しかしながら、その進捗状況と言うものは誠にもってはかばかしくなく、結局のところ、その事態は今日すでに膠着状況に落ち入っていると言っても過言ではありません。

（３）竹島の問題

竹島とは、日本列島と朝鮮半島との間の日本海の中央にある小島のことであって、古い時代から、日本がこの竹島の存在を認識していたことは、古地図や書物によって明らかにされているところなのであります。また、江戸時代より、日本人が大陸へ渡る際にはこの小島を経由地として利用し、一方、漁業基地としての活用もされて来たところの、利用価値の高い小島なのであります。その意味において、実質的には１７世紀の半ばには、既に竹島に対する我が国の領有権は確立していたものと考えても良いのであります。

このような状況の中で、１９０５年（明治３８年）には、日本は閣議の決定によってこの竹島を島根県に編入し、日本の領土として領有権の確立を図ったのであります。

さて、第二次世界大戦の後、領土問題を扱ったサンフランシスコ平和条約（１９５２年発効）において、韓国は、主幹のアメリカに対し、日本が放棄すべき地域に竹島を含めるように要求しました。しかし、これに対してアメリカは「竹島が、これまで朝鮮の一部として扱われて来た歴史はなく、その意味で日本の領土としても差し支えない」との判断によって、この韓国の要求を拒絶したのであります。この問題の取り扱いは、アメリカ政府が公開しているところの外交文書によっても明らかな事柄であるとされます。

従って、第二次世界大戦の後において、日本の領土処理の問題を扱ったサンフランシスコ平和条約においては、韓国側がこの条約を起草したアメリカに対し、日本が放棄すべき地域として竹島を含めるように求めたものの、アメリカ側は、これまでにも竹島が朝鮮の一部として取り扱われた事例は一度も無いとして、韓国のこの要求を退けたのであります。

この点は、アメリカが公開しているサンフランシスコ平和条約に関連する外交文書によっても明らかなこととされています。

しかしながら、一方において、その後、アメリカは、この竹島を爆撃機の訓練基地として使用したい旨を、日本に対して申し入れて来たのでありました。そして日本は、これを、止むを得ないところとして認めたのであります。

４－６　平和主義と原水爆禁止運動等

（１）平和主義運動

一般の市民までが戦争に駆り出されていた、１９世紀に至る過程における言わば暗い時代にあっては、戦争や暴力に反対し、平和を志向する恒久的な安寧の社会に向けて、人々を積極的に導いて行こうとする、非暴力主義的な立場をとろうとする思想家たちが、世界のあちらこちらに現れるようになって行きました。

このような人達を平和主義者と呼び、そのような思想家の代表的人物が、ヨーロッパにあってはドイツの哲学者イマヌエル・カントであり、日本においては内村鑑三たちでありました。

平和主義者たちは、共同体組織の中における人々のあり方について幅広く関心を持ち、規範的な意識を持つ立場から、戦争の廃止や暴力の抑制を主張するところにその特徴があります。

また、一般的に平和主義者は暴力を否定し、殺生を行わず、敵に対しても愛情を持ち、平和を構築して行こうと努力します。そして平和主義者は、良心的な兵役拒否に見られるように、戦闘に参加することをしばしば拒否し、また同じ意識において、軍事行動に寄与するような労務に着くことを受け入れなくなります。

ここで、平和主義の全貌を捉えるために、古典的な平和主義から現代における競争主義の流れを概観するならば、その起点はカントの「永遠の平和のために」で示された、平和構築の方法に求められるのであります。それは、要約するとすれば、国際連邦政府の樹立と常備軍の廃止、そして戦争行為の禁止と言うものであり、それまでの主権国家を中心とした、近代的国際秩序と言うものの、抜本的な再編を示唆するものなのであります。

更には、国内的秩序においても、仮に共和制の確立によって政治を実現させることが出来れば、市民に対して戦争的行為を忌避することを促すことが出来るとも指摘しているところであります。このようなカントの平和主義は、実はナポレオン時代における戦争体験を背景として形成されたものなのであります。

（２）原水爆禁止運動

原爆被災国の日本においては、原水爆禁止運動を支える組織として「原水爆禁止協議会」なる団体があります。この組織は１９５５年に結成された、日本における反核・平和運動団体の全国的な組織であります。この組織は、毎年の８月に「原水爆禁止世界大会」を開催している他に、各地において「核兵器の廃絶」のスローガンを掲げた運動を継続的に展開しています。

この団体は、元来は保守と革新が手を繋いだところの中立的運動団体であったのでありますが、最近にあっては、どんどん革新系に偏るようになって行き、現在では、日本共産党の新派と見做されているような立ち位置になっているのであります。

また、その一方で、前述の団体から離反し、その後に日本社会党が支援した組織であるところの「原水禁国民会議」なる反核・平和運動団体があります。こちらは日本社会党系の団体であって、前述の団体と同様に、旧来より、核兵器の全面禁止を旗頭にした理念を軸にして運動を展開しています。

（３）原発被害問題の対応

世界中で唯一の原爆被災国でもある日本では、原水爆禁止運動に連動させた構図の中に位置付けて行われるようになったのが「原発反対運動」なのであります。過去においては、この原発反対運動が盛り上がりを見せた時期が３度ほどありました。

その一度目が、１９７９年の事でありました。この時にあってはアメリカが開発した初期型の原子力発電所が、重大なる事故を引き起こしたことによって、それを原因として放射性物質が施設の外に拡散されたと言うものでありました。

次の二度目は、１９８６年の事でありました。この時は旧ソ連が開発したウクライナの原子力発電所が爆発したために、上述の事故を越える、より一層深刻な事故を引き起こした結果、その風下地域の住民（特に小児たち）に対して深刻な健康被害が引き起こされたと言うものでありました。

そして三度目が日本の事故であります。すでに広く知られているように、２０２１年3月１１日に東日本大震災が発生し、これによって生じた高波を受けた福島第一原子力発電所において、３基もの原子力施設が深刻な事故を引き起こしたこととなって、単に発電所が停止になると言うだけの事ではなく、それによって周辺の地域に対しても放射性物質が飛散し、その結果、大勢の住民たちが長期に亘って避難を余儀なくされるに至ったと言う事態を生じさせたことは、それまで技術大国とも言われて来た日本においては、誠にもって深刻な事態を引き起こしてしまったと言うことであります。そしてその結果、一連の施設を廃炉に進めて行くために必要な、いつ果てるとも知れないような種々の対策工事が、福島第一原子力発電所の広大な敷地において、今もって延々と続けられているのであります。そして、放射能の汚染地域とされた、広域に亘った被災地の多くの住民たちは、１０年以上を経た今日において、なお、避難地にあって、不自由な生活を余儀なくされてしまっている人たちは大勢いるのであります。

第５章　国力を支える主要な事業

５－１　国民生活に資する公共事業

（１）教育環境の整備

教育制度は、数々あるところの社会システムの中でも、最も基礎となるべき重要なものであります。日本における教育と言うものは実は平安時代の頃から始まっていて、その初期においては、主として貴族たちの子弟や、僧門における仏教徒らを対象として行われて来たのであります。また、その後、江戸時代に至ると、特に意識が高かった幾つかの雄藩を軸にして、藩校が設けられるようになって行き、主に武士の子弟を中心として、知識及び作法等の教育が行われるようになって行ったのであります。

この時代において始まった知識教育としての内容は、当初は中国由来の漢籍の教養書を素読すると言う程度のものであったのでしたが、それが、次第に礼儀作法や武道の教えへと進むことになったのであります。今日、日本においては、会津、米沢、水戸、松本、長岡、桑名、中津、小倉、佐賀、熊本、鹿児島などと、この時代に設けられた学校施設等々の旧跡は各地において保存されているところなので、これによって当時の様子が伺い知れるのであります。

一方、学校施設等を前提とした教育の在り方については、現在では、学校教育法によってそのシステムが整備されており、義務教育を担うための小学校・中学校（これを変形させた義務教育学校を含む）を始めとして、高等学校、高等専門学校、大学（短期大学を含む）及び特別支援学校などがあります。

なお、最後に付言すると。現代における学校教育上における、その年度の始まりは、日本においては、行政上の開始と同じの４月からでありますが、しかし世界を見渡してみると、それは少数派なのであって、ヨーロッパを始めとして、アメリカ・ロシア・中国等々の多数の国は、９月からの開始となっていて、そこには歴然とした違いがあるのであります。

（２）住宅及び都市環境の整備

現代において、この住宅及び都市環境の整備に係わる問題に言及するとすれは、それは、平成１６年に国土交通省が通達した「住宅市街地総合整備事業制度」と言うものが極めて参考になるところであります。そこには、次のような事が述べられています。

①　住宅や市街地に係る総合整備計画を策定すること
②　居住地の再整備と共同住宅の提供を行うこと
③　密集市街地における総合防災機能の整備を行うこと
④　空き家対策とその支援を行うこと
⑤　共同住宅の供給事業を促進すること
⑥　市街地における防災対策を促進すること
⑦　道路・上下水道施設の整備を促進すること

すなわち、日本においては、これによって小規模宅地や狭隘なる道路が規制され、住宅の建替えが支援され、住宅困窮者対策が行われて、またその一方で遊興店舗の出店が規制されて行くと言うことなのであります。しかしながらその進捗状況については、その都市の実情とその経済力等によって、おのずから格差が付いてしまうと言うことなのであります。

（3）都市交通の整備

平成１６年に全国市長会が出したところの都市交通政策に関する提言には、次のようなことが述べられています。

すなわち、多くの都市が人口の減少と高齢化、そして各都市それぞれの経済的格差による財政事情等の問題によって、多くの課題を有している中にあって、モータリーゼーションの進展に伴い、社会が拡散型の様相を呈するようになった結果、鉄道やバス等の公共交通機関の維持が極めて困難になったとしています。また、その一方にあって、郊外に大型商業施設が出店すると言った状況と相まって中心市街地が衰退するなど、多くの都市が高齢化社会にとって望ましいとされる、歩いて暮らせるような環境とは、すでにかけ離れたものとなっていると言うのが実態であるとしています。

そして、このような状況を踏まえ、これからの街造りは、拡散型から集約型の構造へ転換させると言う再編を志向すべきであり、その実現のためには、今までの経緯を踏まえつつ、これからの街造りを集約型の都市構造へと向かわせるべく、効果的なかたちで再編を進めて行くべきものであるとしています。

５－２　日本の経済力を支える政策

（１）経済及び産業政策

第二次世界大戦後における日本の産業政策について概観してみると、１９９０年代の半ばまでは高度成長が実現されるなど、日本の経済は驚異的な成長を示してきたことが明らかでありますが。その反面において、１９９０年代の半ば以降、日本の経済は低迷を続けてしまうことになりました。その原因の一つには、非効率な旧来の産業システムを温存し続けて来たことが挙げられ、それが日本経済の長期的な低迷を誘ったのだとされています。

第二次世界大戦直後の、GHQ（占領軍司令部）による占領行政の下にあった日本において、当時の基幹産業は鉄や銅の鉱石そして石炭の採掘なのであって、これらの分野に資金を優先的に投入することが、産業全体の底上げに繋がることとされていました。そしてこの政策によって石炭産業と鉄鋼業が育成され、その後には石油化学工業を始めとする重厚長大型の産業が発展するなど、日本におけるこの産業政策は大きくその役割を果たすこととなり、結局、この当時の GHQ の支援による産業政策は、十分にその効果を発揮したことになったのであります。

そして、その後においても、二度にわたる石油危機を経て、当時の日本経済は、自動車産業や電機・電子産業と言った加工組立型の製造業等の高付加価値型の産業に転換されて行くのであって、その意味において、この産業政策が今日までに果して来たところの役割と言うものは極めて大きく、また、その政策を評価する有識者の声は、大きなものなのであります。

（2） 知的財産の保護政策

その１　知的財産保護の必要性について

知的財産にはさまざまな種類があり、これらはその種類によって特許法・意匠法・商標法・著作権法等の、様々な法律によって保護されています。では、なぜこのような知的財産を保護する必要があるのかと言うことであります。そもそも、知的財産とは何かと言うと、それは広い意味で、知的な創作活動によって生み出されたものを指すのであります。しかし、このような知的な創作活動によって生れた産物と言うものは、他人に知られて模倣や盗用がされやすいと言う脆弱な特徴を有しています。

従って、創作した人の英知と、開発を進めた人々の努力の結晶である知的財産を適切に保護しなければ、他人にすぐに真似をされてしまい、創作者や開発者の努力が水泡と化し、それによって創作者や企業が本来受けるべき利益が受け取れないと言う危険性が生じてくるのであります。実際に国内の市場において、模倣品や海賊版の出現によって被害を受ける事例と言うのは、今日においては、実に枚挙に暇（いとま）がないのであります。

だからこそ知的財産は、その創作者や開発に携わった人達の正当な財産として、保護される必要があると言うことであります。

その２　知的財産権の種類について

さて、さまざまな種類がある知的財産の中で、主なものとしては産業（商業・農業・工業等）に関する産業財産権、著作物に関する著作権等があります。このうちの産業財産権は、特許権、実用新案権、意匠権、商標権４つに分類され、これらは製品やそのサービスが持つ独自の機能、斬新なデザインや商品名及びサービス名などの特徴を保護するための権利なのであって、法律に基づく所定の登録手続きを必要とします。

一方、著作権は、著作物（書物・論文・絵画・音楽・映画等）を保護する（コピーの禁止）ための権利であるので、登録の手続きは不要であります。また、一つの知的な創作活動によってもたらされた産物に対し、複数の知的財産権が関わる場合が生じたりする場合があったりもします。したがって、そのような状況に遭遇した場合においては、弁理士やその方面のコンサルタントに相談する必要があり、それによって、知的な活動が保護されるのでありまます。

（３）都市を支えるエネルギー対策

都市において暮らす人々が必要とするエネルギーの代表は、何と言っても電力であります。現在において、都市部に対して供給されている電力の殆んどは火力発電所によるものであると言って、特に誤りがあるわけではない状況であります。しかしながら、現時点において主力とされている火力発電所の多くは、その燃料を石炭及び石油（重油）に依存していると言うのが実情であり、それによって大量の炭酸ガスが大気中に放出されていて、それが地球の温暖化の主たる原因になっていると言うのが実態なのであります。

ところが、技術革新が進んだ現在においては、火力発電に係わる基本の技術は「ガスタービン・コンバインドサイクル発電」なるものに置き換えられるべく、世代交代とも言うべき革新が進んでいる最中なのであります。この方式においては、先ず、天然ガスを燃焼させ、ガスタービンを使って発電し、また、その排気ガスの排熱を利用することにより蒸気タービンを起動させて、その双方によって発電する仕組みなのであり、その大きな特徴とは、従来の発電方式に比べて熱効率が一段と上がる、その一方で、炭酸ガスの排出量が大きく削減されると言う点にあるのであります。

したがって、地球温暖化の抑制問題と絡み、大都市部の電力供給については、石油による火力発電所が暫時淘汰されて行き、今後に新たに期待されて行くのは、炭酸ガスの排出抑制効果が高い、新しい方式による火力発電所であると考えられます。

（４）原子力発電に関する問題

すでに知られている通り、２０１１年（平成２３年）３月１１日に発生した東日本大震災によって東京電力の福島第一発電所の敷地が冠水し、そのために、当時稼働中であった３基の原子炉施設において重要な保安設備がその機能を失うことになってしまい、これにより複数の原子炉建屋にて水素爆発が引き起され、その結果、風下方向を中心にして、大勢の住民が居住するところの極めて広範囲の地域に対して放射性物質が拡散されてしまうと言う、今までにない深刻な原子力災害が引き起こされてしまったのであります。

この事故の後、日本の原子力発電所はすべて停止を余儀なくされると共に、その後に行われた原子力施設に対する規制基準の改定によって、初期に建設された旧型の原子力施設については廃止の止むなきに至り、一方、存続を前提とした原子力施設については、新規に設けられた規制基準に従い、各電力会社とも、新たに必要とされることになった安全対策強化策のための設備の改修に向けて、これに全力を挙げて取り組むこととなったのであります。

これまでに原子力規制委員会が稼働の再開を認めた原子力発電所は、２０２１年９月末現在、関西電力の美浜発電所の２基、高浜発電所の２基と、九州電力の玄海発電所の２基、川内発電所の２基の合計８基のみであって、他に、停止中のものが２５基（ＰＷＲ型が７基、ＢＷＲ型が１８基）あり、またこの他に、既に廃止が決定しているものが合計１８基（ＰＷＲ型が６基、ＢＷＲ型が１２基）もあると言う、驚くべき状況なのであります。

そして、原子力発電と言うこの特殊な産業分野に関しては、これに付随する問題として、更に、原子力発電所で使用した後に生じることになる大量の使用済核燃料を、その後どのように措置するのかと言う悩ましい問題が付きまとっているのであります。

現在、青森県の下北半島において、使用済核燃料を再処理するために必要とされる壮大な規模の工場（使用済核燃料再処理工場）の建設が行われており、既にその完成が間近かに迫って来ていることについては、すでに周知の通りであります。

しかしながら、この工場の建設が叫ばれたのは２０数年前のことであって、当時と現在とにおいては、その前提をなす社会的な情勢がすでに全く異なってしまっているのであります。つまり、過去の原子力開発において本命とされていた高速増殖炉の開発は、過日の実験炉「もんじゅ」の失敗によって、すでに頓挫してしまっている以上、現在の情勢において使用済核燃料を再処理し、プルトニウムを抽出すると言う路線が本当に必須なのかと言う、極めて本質的な事柄に対する疑問が残されたままにされているのであります。

なお、参考までに申し上げると、アメリカにおいてさえ、今日において、産業としての使用済核燃料の再処理事業と言うものは実施されていないと言うのが実態なのであります。つまり、今日においては、再処理事業と言うものは、本質的な観点から観て、必要不可欠なものではなくなってしまったと言うことであります。

（5）国民総生産の実態の評価

国民総生産（GDP）とは、国内において一定期間のうちに生産された、全ての「モノ」やサービス等に関わる付加価値を合計したもの（金額ベース）のことであります。

日本の GDP の大半を占めるのは、日本で生活する人々が日常的に行う「消費」と、国内の企業が行う「投資」の合計であるところの、いわゆる「民需」であります。この民需に、政府が使ったお金である「政府支出」と、輸出額から輸入額を差し引いた「貿易による収入」を加えた金額がGDP（国民総生産）となります。

さて、このGDPには「名目GDP」と「実質GDP」の2種類があります。このうち「名目GDP」は、上述の趣旨の通りに算出されたGDPと言うことになります。しかしながら、GDPと同様に貨幣の価値自体も年々変動するため、他の年度と比較するような場合にあっては、「名目GDP」のみであっては、実態を評価しうる厳密な成長率が示されることにはならないのであります。

そこで、対象となる期間のGDPを、同じ時期の貨幣価値に変換することで、ようやく、正確な成長率が把握できるようになるのであります。これが「実質GDP」と呼ばれるものです。つまり、貨幣価値の変動を考慮せずに、「名目GDP」のみによって経済成長を測ってしまうと、実際にはマイナス成長なのに、プラス成長のように評価してしまうと言うような、誤った結果が算出されてしまう恐れがあると言うことなのです。従って、1年間のGDPを他国と比較するような場合は、この「名目GDP」ではなく「実質GDP」を見る必要があると言うことになる訳であります。

しかしながら、このGDPにおいては、在日外国人による消費が含まれていたり、その逆に、外国に行った日本人の消費が含まれていなかったりします。そこで日本の儲けを把握するために使われる指標がGNI（国民総所得）なのです。このGNIは、その名の通り国民の所得を全て合計したものとなります。実のところ、以前においてはGNP（国民総生産）と言う指標が使われていましたが、在日外国人や在外の日本人が増えたことによって、近年にては、より一層経済状況を捉え易い GNI が、日本の儲けの指標として新たに使われるようになって来ました。

５－３　日本の活力を支える政策

（1）国の基礎を形成する事業の成立

日本という国家を形成して行く上で必要とされる基本的な事柄と言うものは、その多くが、この明治という革新的な時代の初期において初めて芽吹いたのであります。以下に、その主なものについて概観してみることとします。

１８６９年　北海道開拓使が設置される
１８７０年　日本で最初の日刊新聞が発刊される
１８７１年　廃藩置県が実施される
１８７１年　全国が六つの管区に区分され、鎮台が設置される
１８７１年　日本と清国（当時の中国）の間で修好条約を締結
１８７１年　戸籍法が制定される
１８７１年　岩倉使節団一行が欧米を歴訪する
１８７１年　郵便制度が開始される
１８７２年　暦（こよみ）を、現在と同じ太陽暦に変更する
１８７２年　日本銀行が設立され、紙幣が流通する
１８７２年　新橋と横浜の間において鉄道が開業する
１８７２年　官営模範工場として、富岡製糸場が操業を開始する
１８７３年　徴兵令が公布される
１８７３年　地租改正条例が発布される（税率は地価の３％）
１８７３年　神仏分離令（神仏の混交を禁止）が発布される

１８７４年　警視庁が設置される
１８７４年　日本橋にてガス灯（街路灯）が点灯する
１８７６年　札幌農学校（後の北海道大学）が開校される
１８７７年　西南戦争が勃発する
１８８９年　大日本帝国憲法が発布される

（2）政府による殖産興業の推進

明治政府は、当時、富国強兵を旗頭とした政策を掲げ、その政策に従って積極的に殖産興業を推進することとしました。

それには、鉱山の開発や兵器工場の開設、造船所の建設等に加え紡績工場の建設などと言うことも含まれました。そして、この時代において最も特徴的なことは、群馬県富岡市において、フランスの技術を下地にして成り立つところの製糸工場が建設されたと言うことであって、また、それによって生産された極めて品質の良い生糸が主にフランスへ輸出されたことによって、その後における両国の関係が格段に向上することになったと言うことであります。

一方、この時代においては、他に、日本の北から南まで電信線を張りめぐらすことによって、電信システムによる情報の送受信（いわゆる電報のこと）が行えるようになりました。

そして、江戸時代に幕府が統治していた佐渡の金山や各藩が経営していた九州地方の炭鉱等々については、そのすべてが明治新政府に移管された後に、官営ベースの事業として、それぞれ新たな取り組みが織り込まれて行くこととなりました。

（3）民間における殖産興業の発展

明治と言う国家が成熟し、また、基礎的な種々の制度が確立したことによって、この時代の日本は、ついに殖産興業の推進に向けて総力を挙げてこれに突入して行くことになるのであります。そしてその先鋒となった人々が、俗に政商と言われる人たちである三井高福（三井財閥総帥）、岩崎弥太郎（三菱財閥総帥）、住友友純（住友財閥総帥）、安田善次郎（安田財閥総帥）、五代友厚（政商）、そして渋沢栄一（実業家）、豊田佐吉（自動織機開発者）などであったのであります。

彼らは海外の諸事情を積極的に収集し、また、その豊富な資金によって裏打ちされて、銅鉱石や石炭に関する鉱山開発等々といった各種事業を立ち上げ、そしてその知識と経験を生かすことによってこれまでの日本には無かったような、複雑な産業システムや種々の製品を生み出して行くことになるのであります。

一方、この時代に発達した産業の一つに海運業があります。日本は、法律によって造船及び海運業を奨励していたのであります。

日本で最初に開かれた定期航路は、日本（横浜及び神戸）と上海や香港そしてシンガポールやポンペイ（インド）とを結ぶ南廻りの航路であり、それに続いたのが、アメリカ西海岸のシアトルとの間を結ぶ北廻りの航路なのでありました。

そして、その航路によってこれら貨物船の運行を取り仕切ることになったのが、三菱財閥総帥の岩崎弥太郎であって、彼らによって設立された三菱商会が関わりを持って設立された、日本郵船会社と言う海運会社なのでありました。

（４）鉄道の整備に関する事業

明治そして大正と展開して行く時代にあって、産業の発展を促すその基盤となり得る活力の源泉は、何と言っても、この当時においては、すでに日本各地にまで広く行き渡りつつあった、鉄道の敷設によって生じた各種物資の輸送力なのでありました。

そもそも日本における鉄道の建設は、日本鉄道会社他の鉄道開発に参加加した企業による、合計１７社にも上る民営資本を基にした開発によって行われ、その後の１９０６年（明治３９年）においては、これらのうちの９１％もの範囲の会社が買収によって国有化されるに至ったと言う、極めて特殊な経緯を有するのであります。それは、当時盛んに行われていた軍事用貨物の輸送等々において、運用上の不便さを取り除きたいとして求められた、利便性の向上等と言う側面にその理由があったとされています。

いずれにしてもこの統合化政策は、１９４２年（昭和１７年）に開通した関門海底トンネルの完成と相まって、単に人員輸送の利便性のみならず、その当時すでに各地に散在していた繊維関係の工場や兵器等々の軍需品関係の工場において、生産地とその需要地との間における各種物資のやり取り等が、それによって極めて円滑に行えるようになったと言うことなのであります。

（５）北海道の開拓と沖縄の領土返還

その１　北海道の開拓

北海道の開拓は、当初、そこへの移住を考えざるを得ない厳しい環境に置かれていた人達の受け入れを前提として進められました。そして、この北海道開拓に向けた政府の移民政策においては、その初期には、基準とされる条件を示し、これを満たした人々を受け入れると言うものであって、そして、移住者を受け入れた後は食料や農具を貸与し、生活費を支給すると言うものでありした。しかしながらこの方式にあっては、費用と効果とのバランスがとれなかったために、その後における新規の募集は中止されることなって、既に入植し定着していた者への支援のみに切り替えられたのでした。

そして、その後１８７３年（明治５年）からは、北方地域の警備と入植地の開拓とを兼務させる方式の、いわゆる屯田兵制度に切り替えた上で新規の入植者を募って行ったのであります。これによる入植者は、当初のうちは東北出身の元士族たちが多かったとされるのですが、その後においては平民主体となり、また、その出身地については、北陸方面等の寒冷地からの者の割合の方が増えるような傾向にあったと言うことのようであります。

その２　沖縄の領土返還

沖縄は、かっての時代に琉球王国と称されていました。この琉球は、その時代には中国大陸との間の貿易中継基地として栄え、独自の文化を育んでいました。そして１６０９年（慶弔１４年）に薩摩藩によって侵攻され、これによって同藩の支配下に置かれることとなったのであります。

その後、沖縄は、明治時代に入り、その新政府によって１８７９

年（明治１２年）４月に沖縄県とされたのであります。そして時が進んで大正時代に入ると、当時におけるハワイと同様に、新天地を求めて日本の各地から向かった大勢の移民たちが、この地に入植するようになって行ったのであります。

しかしながら、その後、太平洋戦争（第二次世界大戦のこと）が始まったことによって、その当時には既に日本軍による戦争基地と化していた沖縄の本土は、アメリカによる空中攻撃そして地上攻撃に曝されたことによって、市街地が焼失し、また、極めて多数の住民たちが死傷してしまうと言う、悲惨な事態に至ってしまったのであります。また同時に、この沖縄は、その全土がアメリカの占領地と化してしまい、以後、それによって混乱の時代が永く続くことになったのであります。

そして、時を経て、当時の佐藤栄作首相による日米交渉によってようやく沖縄の日本返還が決定し、その施政権が日本に返還されたことによって、１９７２年（昭和４７年）５月１５日から、沖縄と日本本土との間における日本人の往来が自由にできるようになったことによって、それにより、今日の沖縄の繁栄がもたらされることとなったと言うことであります。

５－４　日本の文化を支える事業の足跡

（１）その時代の教育と研究活動

その１　学校教育制度の導入

今日に続く日本の近代学校教育制度は１８７２年（明治５年）における学制の制定によって始まりました。この学制とは、近代学校教育制度のことで、これによって以下のように小学校・中学校・高等教育学校、及び大学がそれぞれ誕生することになり、また、身分や性別に左右されることなく、全ての国民が、平等に教育を受ける義務と権利を有することとなりました。

一方、大学に関しては、全国を８区分し、その大学区ごとに大学を設け、またその大学区ごとに、これを３２中学区に区分し、さらに、その合計２５６の夫々の中学区の中を２１０もの小学校区に分割する、つまり、合計で５３，７６０もの学校施設を設けると言う壮大なる構想のものでありました。

そして、この構想の前提となるところの、学校種類別の教育年限については次のように捉えられていました。

（学校の種別）

・初等教育機関	・小学校	４年制	（６才～１０才）
・中教育機関	・小学校上等科	４年制	（１０才～１４才）

	・中等学校	３年制（１４才～１７才）
・高等教育機関	・中等学校上等科	３年制（１７才～２０才）
	・師範学校	２年制（２０才～２２才）
・大学校	入学年齢不問	就学年齢不問

この構想は、現在の視点から見下ろしてみると、その後に修正が加えられていることが明らかです。しかしながら、その根幹については生かされたのではないかと思われるところであります。

その２　研究的活動の実態

日本政府は、明治における創始期の時代から、新しい科学技術の導入に努めてきました。その一つが、積極的に外国人教師や学者等を雇用したことであります。政府は、それによって大学等に外国人を配置して、教育の分野から近代の科学的知識の導入に努めたのであります。その中で特に東京大学等においては、その草創期とされる時代からその後の近代に至る過程において、外国人の学者が中心になって科学研究の基礎が造られたとも過言ではなく、それによって成された業績には極めて大きなものがありました。

一方、それと共に、海外留学生を諸外国へ派遣して学業を重ねる機会を与えるように措置し、その帰国後には教育と学術の近代化のために寄与してもらうことにしたのであります。この方策は、その後における各種学術の進展において大きな威力となりました。

また一方においては、近代科学に関する種々の書籍を原書のままで取り寄せて、これを読解することを奨励し、これによって新しい学問への探求が始められるようにしたのであります。
　そして、これらの手立てを踏まえ、各分野を横断するような組織と機構を設けることによって各分野の間の連携を図り、また、それによって調査と研究の幅と深さを探求する等の、新たな成果を生み出すための工夫が付加されて行ったと言うことであります。

（2）その時代の文学及び芸術活動

その１　近代文学活動の展開

　明治時代の前期においては、当時の世相や人間心理を客観的に描写する、いわゆる写実主義的な内容の文学作品が発表されるようになりました。例えば、坪内逍遥の「小説神髄」、二葉停四迷の「浮雲」、尾崎紅葉の「金色夜叉」、幸田露伴の「五重の塔」などのことであります。
　一方、日清戦争が行われた前後においては、主観的な表現を駆使したものや理想を情熱的に表現した、いわゆるロマン主義的な文学作品が発表されるようになりました。例えば、森鴎外の「舞姫」や樋口一葉の「たけくらべ」、徳富蘆花の「不如帰」、国木田独歩の「武蔵野」、泉鏡花の「高野聖」などであります。
　また、日露戦争の前後においては、社会の現実をありのまま描写して私生活を告白するような形式の作品が多くなりました。例えば島崎藤村の「破戒」、田山花袋の「蒲団」、長塚節の「土」、正宗白鳥の「何処へ」徳田秋声の「黴」などであります。

そして明治の終わりから大正期においては、反自然主義的な内容の文学作品が発表されるようになりました。例えば、森鴎外の「青年」や夏目漱石の「吾輩はねこである」、谷崎純一郎の「刺青」、永井荷風の「すみだ川」、志賀直哉の「暗夜行路」等であります。

その２　近代芸術活動の展開

江戸時代における絵画の主体は屏風絵であって、その代表的な作品として、俵屋宗達筆の「風神雷神図屏風」や尾形光琳筆の「紅白梅図屏風」があることは、すでに周知の通りであります。

また、海外においても広く知られている日本の美術品として浮世絵があって、その中で葛飾北斎作の「富岳三十六景神奈川沖浪裏」は特に有名であり、その構図のユニークさに至っては、誰も真似をすることが出来ないとも言われているほど特異なものであります。要するにこのことは、世界的に観て、日本独自の美術工芸のレベルがいかに高いものであったかを意味することなのです。

このように個性豊かな日本絵画の流れを受け入れつつ、当時は既に分裂状態でもあった日本の画壇を纏めようとして立ち上ったのが当時、東京美術学校の設立に奔走し、教職にも就いていた岡倉天心であります。彼は、当時の日本に吹き荒れていた廃仏毀釈による影響を心配し、その当時、すでにお雇い外国人として来日中であったフェノロサの言動を評価していたために、フェノロサに協力するかたちで彼に同行し、京都及びその周辺の寺院等を対象として、仏像その他の美術品の保管状況を調査して回ったのであります。

その後に、岡倉天心は、経営に行き詰まっていた東京美術学校を茨城県北部の五浦に移し、ここで横山大観、下村観山、菱田春草らの著名な日本画家たちを育てて行きました。

（3）自由とジャーナリズム

ジャーナリズムの概念は、どちらかと言うと、過去における新聞報道の歴史の中で収束に向かい、固定化されて来ました。

１７世紀のヨーロッパにおける、絶対王政の時代に生まれた新聞各紙は、以来、検閲の制度と戦いながら、自由を追求する大勢の市民の目線の下で懸命にその在り方を模索し、それを磨き上げることによってようやくその概念を固定化させて行ったのであります。そして、その結果、その後の近代国家体制の下においては、ようやくジャーナリズムの核心となる、報道の自由や図書等における出版の自由と言うことが、概ね、保障されるようになって来たと言うことなのであります。

しかしながら、この自由と言うものは、決して無制限ではないのであって、今日の新聞やテレビ等における報道と言うものは、それに伴う自由のあり方について、その後におけるいろいろな場面において具体的にその形態を探って行くことによって、その概念の確立を必死になって追い求めてきたのであります。

初期におけるジャーナリズムは、その一面において政治との関わりが強い傾向のものでありましたが、現在の社会においては、それはより一層一般化されるようになっていて、商業主義や一般市民における行動の中において、その在り方が吟味されるようになって行き、今日ではより一層研ぎ澄まされたものになっています。

しかしながら、今日の日本においては、新聞でもテレビであっても、一般市民の側から、今もって右だ左だと揶揄される一面が抜けきれない傾向に置かれることは、若干とは言え、ジャーナリズムに関与している立場の一人としては残念なことであります。

第６章　文明開化を支えた事業活動

６－１　大規模干拓地の開発

（1）児島湾の干拓

徳川幕府による大政奉還（１８６８年）が行われ、これによって時代が明治へと代ったころ、岡山藩に仕えていた重臣の間において新しい土地を得て農業経営に進むことを目指す中で、児島湾の沿岸を干拓地とするための事業の計画が立ち上りました。

当時の岡山県は、そのための調査を明治政府に対して依頼し、それによってオランダ人技師のムンデルが現地に派遣されて、これによって干拓工事の基礎となる「開拓復命書」が作成されました。
しかし、この干拓工事には莫大な工事資金が必要であるために工事に入ることが出来ず、関係者一同は困っていたのであります。

その結果、岡山県は、大阪の豪商の藤田伝三郎に対してこの工事を依頼することとし、これによって「藤田組」が組織されて、個人の資金によって、この工事が開始されたのであります。

その当時は、コンクリートが無い時代であったために、粗朶（そだ、木の枝）や捨石によって堤防を築くという、言わば江戸時代そのままの伝統的工法によって工事が行われましたが、実はこの児島湾の干潟地は底なしの軟弱な地盤であったために、堤防は工事を進めている最中に次々と泥に埋まってしまうと言うような大変な難工事となって、そのために藤田伝三郎は借金を重ねながら、この工事を進めなければならないことになってしまったのであります。

オランダ人技師ムンデルの「復命書」では、第１から第８の工区に分けて干拓工事が進められる計画でありましたが、結局、藤田組は、第１から第５工区までと第６工区の途中までを行い、着工から１１年間もの間に、２９６８ヘクタールもの干拓地を完成させたのでありました。そして藤田伝三郎は、明治４５年にこの世を去りましたが、藤田組側は、最初の第１工区と第２工区のうちの１２３０ヘクタールを農場として得ることになったのであります。

（２）巨椋（おぐら）池の干拓

もともと宇治川と繋がっていた巨椋池は、明治３９年に行われた宇治川の付け替え工事によって河川と分離され、これに伴って池の水位が低下していました。その一方で、蚊がわき上がってしまったことによってマラリア（疾病）が発生する危険地になってしまったのであります。そしてこの事態の改善に向けて、大勢の住民たちが立ち上ったことで推進されたのが巨椋池の干拓事業であります。

この事業は国営の干拓事業として決定され、１９３３年（昭和８年）に着工されて、完成したのは１９４１年（昭和１６年）のことであります。そして、この干拓工事によって造成された農地は延べ６３４ヘクタールにも上る広大なものでありました。

（３）琵琶湖大中湖の干拓

第二次世界大戦の最中の食料増産が叫ばれていた時期に、俄かに注目されるようになったのが、琵琶湖の周辺に散在した複数の内湖でした。内湖の水深はそのいずれもが水深が２m程度と浅く、また塩害の心配がない湖沼であったために、干拓は比較的容易と見られたのでありました。そして、１９４２年（昭和１７年）から、先ず中小の内湖から工事が行われ、次いで１９４６年から、最も大きい大中湖の工事が行われることとなりました。結局、この大中内湖の干拓には２１年もの歳月を要しましたが、しかしながら、この事業によって合計１１４５ヘクタールにも上る新たな農地が生み出されたことによって、その後の食糧増産に寄与したのであります。

（4）八郎潟の干拓

秋田県の日本海側に面していた八郎潟は、当時、琵琶湖に次いで国内第２位の広さを誇る湖であり、かっては２万２千ヘクタールと言う途方もない広さを持った、いわゆる湖水池でありました。そして、永年に亘って懸案とされてきたこの湖の干拓が実施されるようになったのは１９５２年（昭和２７年）のことでありました。

工事は、１９５７年（昭和３２年）に着工されました。八郎潟は汚泥が堆積して出来た超軟弱な地盤であったため、その周囲の５２ｋｍに亘って堤防を築くなど、幾多の難題に遭遇しましたが、実は干拓の父とも言われていたヤンセン博士の指導により、あまたの工夫や創意が積み重ねられたことによって、ついに１９６４年（昭和３９年）に完成したのであります。

新しく生まれた土地は１７,０００ ヘクタールと言う広大なものであります。これによって「八郎潟新農村建設事業団」が設立され新たな農村建設事業が開始されたのであります。そして、その後に入植者が移り住んだことによって、現在では戸数が約１０００世帯で人口が 約３,３００人の農村へと成長したのであります。

営農面積は１戸あたり １５ ヘクタールもあって、現在においては、日本における平均所有農地面積の１０倍を超すと言われるほどの大規模な農業経営が、その一帯を埋め尽く大集団となって整然と行われているのであります。

6－2　鉱山及び炭鉱の開発

（1）鉱山の開発

① 佐渡金山

これは、新潟県佐渡ヶ島にある金（銀）鉱山であります。そして江戸時代初期の元和から寛永にかけた時期が産出量の最も多かった時期であって、それは年間で３７トン余にも上り世界で最大規模とも言われた、徳川幕府直轄による金銀の鉱山でありました。しかしながら、その後期においては坑道が海面下にまで至ったために湧水が多く、坑内の労働は極めて過酷なものであったとされます。

② 生野銀山

兵庫県（但馬国）朝来市にあって、戦国時代から採掘が行われていたところの、佐渡や岩見と並ぶ日本有数の銀山であります。この鉱山は、明治以降にあっては、官営の鉱山となっています。

③ 院内銀山

秋田県雄勝郡院内町（現在の湯沢市域）にあった銀鉱山であって江戸時代を通じ、当時は東洋一とも言われたほどの産出量を誇っていました。また、明治になってから経営が古河財閥に移され、以降は、それによって機械化が進み、銀の算出量において、当時は日本最大級の鉱山でありました。しましながら、その後は海外産の安い銀に押されしまう結果となって、昭和２９年に閉山しました。

④　小坂銀山

秋田県鹿角郡小坂町にあって、江戸末期に鉱山開発が進められて金・銀・銅・亜鉛の採掘が行われることによって、地元の繁栄には大きく貢献しました。しかしながら、昭和の終戦後の時代に入ってからは、資源の枯渇によって事業が衰退してしまいました。

⑤　岩見銀山

島根県太田市域にあって、江戸期に最盛期を迎えた、当時としては日本最大級の産出量を誇る銀山でありました。しかしながら、明治以降においては銀鉱石が枯渇してしまうこととなり、その後においては銅鉱石の採掘が行われるようになりました。

⑥　足尾銅山

群馬県を流れる渡良瀬川上流域の、足尾町（現在は、栃木県日光市に所属）において、１６１０年（慶弔５年）に鉱床が発見されて以来、徳川幕府によって鉱山開発が行われるようになり、この足尾は銅山の街として大いに栄えることとなりました。また、その後の１８７７年（明治１０年）に、この鉱山が古河市兵衛（古河財閥創始者）に払い下げられたことによって、この鉱山開発の規模はさらに拡大して行き、これによって地元の街は大いに賑わったのでありました。しかしならが、この鉱山開発によって生じた鉱毒が渡良瀬川を流れ下った結果、その下流の広大な水田地帯において鉱毒汚染が生じていることが明らかとなって以来、これが政治問題化（いわゆる足尾鉱毒事件のこと）してしまったことによって、以後、この事業は暫時縮小されることとなり、またその一方で、鉱毒汚染対策のために多大の財力を費やすことになったのであります。

⑦　別子銅山

愛媛県新居浜市にある、別子と言う地域の山麓部に位置するのが別子銅山で、元禄年間の１６９１年（元禄１４）から住友財閥によって開発が行われ、明治時代を最盛期として、その創業は昭和の時代に至るまで続けられました。しかしながら前述の足尾銅山と同様に、その後に、下流域に対して鉱毒汚染が引き起こされると言う問題が明らかになったため、以後、その対策は取られたものの、その一方で、賠償金の問題が生じてしまうことになりました。

また、ここで採掘した鉱石を精錬するために設けられた、四阪島精錬所（新居浜港の沖合）においても類似の鉱毒問題が引き起こされると言う結果が明らかにされたために、亜硫酸ガスを硫酸に転化した上で、それを中和するための施設を増設すると言う、大掛りな対策工事が行われたのでありました。

⑧　阿仁銅山

秋田県北秋田市にあった鉱山で、ここでは金・銀・銅の生産が行われて、一時期に、銅の算出量が日本一とされた時もありました。明治初年に官営鉱山となった後に、１８８５年（明治１８年）に古河財閥に払い下げられて、その後の１９７８年（昭和５３年）に閉山となってしまいました。

（2）炭鉱の開発

①　三池炭鉱

この炭鉱は、福岡県大牟田市及び三池郡高田町（現在のみやま市）及び熊本県荒尾市にそれぞれ坑口を設けていたところの、極めて規模の大きな炭鉱でありました。石炭の採掘は江戸時代から行われて来ていましたが、１８８９年（明治２２年）に三井財閥に払い下げられて、その後の１００年以上に亘って大規模に操業が続けられた後の１９９７年（平成９年）に、ついに閉山しました。

②　池島炭鉱

この炭鉱は、長崎県西彼杵半島の西沖合約７ｋｍにある、周囲約４ｋｍ程の「池島」周辺の海底に広がっている炭鉱であって、九州で最後となった炭鉱でもあります。池島の石炭は良質と言うことで好評を得ていたため、その最盛期にあっては、日本の基幹産業とされて注目を集め、当時の日本の高度成長時代を支えている主柱とも言われた程の評価を得ていました。

この炭鉱に働く労働者は、現地の社宅アパートに住んでいて、その最盛期にあっては２５００人もの人数に上っていたとされるのであります。しかしながら、後の電力自由化の流れによって石炭火力発電所の需要が安価な海外炭に切り替わって行くようになり、ついに池島炭鉱は２００１年１１月に閉山となったのです。

③　幌内炭鉱

この炭鉱は北海道にあり、日本の近代炭鉱の先駆けとなった記念碑的な場所でもあります。そして、明治の近代化促進時代から太平洋戦争の復興期に至るまでの時代において、日本の繁栄を支えて来たところの重要な産業施設でもあったと言えます。

この炭鉱開発を手掛けたのは、北海道炭曠汽船であります。本鉱の立坑は海面下１０００ｍを超える規模で、日本最深のものであります。１９７５年（昭和５０年）に大規模なガス突出事故が発生して１３名の犠牲者を出してしまいましたが、この事故を乗り越えて採鉱を再開し、最終的に北炭が産出した生産量は延べ１００万トンを超えました。そして、産出された石炭は、幌内と三笠を結ぶ幌内鉄道によって搬出されたのでありました。

④　常磐炭鉱

この炭鉱事業は、茨城県北部から福島県いわき市に至る海岸沿いの丘陵地を産出地とする炭鉱を総括したものであります。しかしながら、この地域一帯で産出される炭鉱石は、硫黄分の多い低質のものであることが欠点であって、それをカバーしている唯一の要素が消費地の東京に近いと言うことでありました。

常磐炭鉱において採鉱に当たったのは主に常磐興産で、この会社はその後、採炭地にて湧出した温泉を有効利用するところの「常磐ハワイアンセンター」を建設し、温泉とフラダンスとを目玉とする娯楽的な事業を展開することによって、首都圏からの温泉客を継続的に集めることに成功しました。

６－３　港湾及び物流施設の整備

（１）港湾設備の整備

世界規模の物資の流通、すなわち国際物流の現状について概観してみると、近年における物資（食料・日用品等の雑貨・商品類等のほとんどの商品）の輸送は、国際的規格によって形状か整えられた国際物流用のコンテナーによって行なわれ、その海上輸送には大型の専用コンテナー船が用いられます。最近におけるコンテナー専用船の標準的な積載能力は４０００ＴＥＵ程度であって、これは標準とされている２０フィート型のコンテナーを合計４０００個も積載できると言う意味のことであります。またその荷役においては、このコンテナーを取扱うための「ガントリークレーン」が設置されている、コンテナー船用の専用岸壁を必要とします。今日の日本において、このようなコンテナー船用設備を整備したところの専用岸壁を有する港湾として位置付けられた場所は、東京港・横浜港・名古屋港・神戸港などでありますが、実はその現状と言うのは、決して褒められるような内容のものではないのであります。

ちなみに、日本における港湾施設整備の現状について、その水準を世界的な尺度において比較してみると、その１位は上海港、２位はシンガポール港であって、その上位にはアジア諸国の港湾が多数並ぶものの、東京港は３５位、横浜港は５８位、名古屋港は６６位と言う寂しい状況におかれているのであります。

（2）物流貨物取扱事業の合理化

① 輸出入手続きのワンストップ化

輸出入貨物の量が著しく増大した今日においては、輸出入に関わる諸手続きの簡素化が求められるところとなっています。そもそも貨物の輸出入においては、検疫及び通関等に関わる行政上の手続きが求められている次第でありますが、これら行政手続き上の理由によって、港湾施設内において貨物が滞留することがないようにするための対応策として、輸出入に関わる検疫及び通関等の各種の行政手続きの一体化を早急に進めることによって、そのワンストップ化を早期に実現すべきだとの提言を、この問題に関係している流通関係団体の側は、かねてより行って来ているのであります。

② 港湾施設のフルオープン化

港湾運送事業においては、参入の規制（事業の免許性のこと）によって、事業者の間における競争が制限されていることから、船主側や荷主側のニーズに合ったサービスの提供や、業務の効率化と言った問題が妨げられていて、その事が、港湾施設の利用面における活性化が阻害される要因になっているとの問題指摘が行われていることが、近年すでに表面化しているところであります。

また、今日の制度においては、夜間における船舶の入港は認められませんが、現在の設備・機器の状況からすれば、昼夜の区別を行う必要がある程の特別の阻害要因があるとは認められるところでもあるので、その運用を見直すことで、経済的な合理性が発揮できるのではないかとの指摘がされているところでもあります。

６－４　日本における基幹産業の状況

（１）素材産業の状況

近年、国際的な競争力を失う産業が多い中において、日本の素材産業（鉄鋼、非鉄金属、化学物質、食品素材など）は、今日においてなお、高い競争力を維持し続けているところの、数少ない貴重な花形産業の一つなのであります。

日本の輸出額に注目すると、鉄鋼は自動車に続いで第２位、有機化合物が６位、プラスチックが８位、非鉄金属が１０位と、それぞれ、あらゆる製品の海外取引の中にあって、重要な産業と見做される位置を占めています。そして、それは輸出量に占める割合においても、それぞれ、穏やかではあるものの増加傾向にあります。

このうち鉄鋼が上位にあるのは、自動車の部材として用いられる軽くて丈夫な高張力鋼板（略称、ハイテン）に人気が集まっているからなのであります。日本の鉄鋼メーカーはこの商品の製造を得意としていて、この素材の利用によって、車体の軽量化による燃費の向上が実現されていると言うのが実態であります。

その他の特徴としては、電子部品や炭素繊維素材に対する人気が高く、そのために海外との取引が一段と活発になっています。そして、このうちの炭素繊維素材に関しては、特に航空機産業への利用の面が伸長していると言うことのようであります。

（２）製品等製造業の現状

日本の製造業全体における、今日までの設備等への投資傾向を俯瞰して見ると、リーマンショックや東日本大震災等を克服した後の２０１３年以降、雇用や所得水準の改善、設備投資の拡大等を背景として、穏やかな回復を続けてきました。そして、２０１９年における各企業の設備投資の総額は、ここ１０年間における最高の水準となっています。

しかしながらその一方にあって、２０１９年の後において、世界経済の減速や度重なる災害や天候の不順、そして通商問題や海外における経済の不確実性等の要因が、製造業を中心にした企業の収益や投資に対して影響を及ぼすようになって来ています。また、それに加えて、２０２０年以降においては、新型コロナ感染の世界的な影響により、将来に対する不確実性がより一層高まってしまったことによって、特に製造業においては、今後の見通しと言った側面がなかなか予測しにくい状況に至っています。

中央省庁が最近取りまとめた報告書によれば、自然環境や世界の経済が目まぐるしく変動すると言う、このような不確実性が進む中において、これに主体的に対応するためには、企業自体が、それに合わせて変革を成し遂げて行くための実行力を持つことが必要であるとして、その対応を促しています。また、これに合わせて、製造業自体が企業としての変革力を高めるためにも、各業界のそれぞれが、デジタル化への対応において乗り遅れてはならない、とも指摘をしているところであります。

（3）事務的職業の今後の姿

本稿は、日本全体が新型コロナに侵食されている最中の２０２１年（令和３年）に執筆を進めたものでありますので、以下については、その実情を踏まえて申し上げるものであります。

さて、最近の状況においては、居住地域を超えて旅行をすることや、密集する場所において食事を採ることは避けなければならないこととされています。また、職場の種類によって事情は当然異なることではありますが、基本的には、人々の密集は避けなければならず、現業職が前提の人々は兎も角として、リモートワークが可能な事務職的立場の人々においては、実際に自宅勤務が成り立つと言う現実については、過去において、予想すらされていなかった状況なのであります。その結果、この現下における実態と言うことが、実は、今後の「仕事のあり方」と言うことの将来について深く考える良い機会を与え、また、その一方で「住む場所」と言う問題の在り方についても、革新をもたらすことになったのであります。

具体的には、現業（現場）を担う立場にある人々は兎も角としても、事務職や営業職にある人にとっては、今まで当然のこととされて来た、職場への定時出社と言う事や、日々、部下が面前の上司から直接的に指示を仰ぐと言うような勤務実態がすでに崩壊し、それがパソコンの画面によって代えうると言う具合になってしまう現実が、それだから革新的なのだとして容易に受け入れられ、また、会社と言うものの在り方が抜本的に見直される、二度と無い良い機会となり得たと言うことであり、それこそが「千載一遇」のチャンスなのであったと観ることができるのであります。

（４）公的事業（鉄道建設事業の例）

① 公的な鉄道建設の経緯

現在では、鉄道建設に主体的に関わっているのは、独立行政法人の鉄道建設・運輸施設整備支援機構のみになっています。この組織は、元の日本鉄道建設公団と運輸施設整備公団と言う、二つのそれぞれの事業を統合し、これを継承するための組織であり、２００３年（平成１５年）に設立された新たな組織であります。なお、これとは別の運輸施設整備公団とは、旧新幹線保有機構と船舶整備公団とが統合されて出来た組織なのであります。

② 所管する現在の主な事業

上述の鉄道建設・運輸施設整備支援機構においては、次のような事業が営まれています。

○ 鉄道の建設

新幹線の建設と整備や、都市鉄道を中心とする調査・建設及び海外における高速鉄道建設計画のための調査

○ 船舶の保有

内航船舶の建造及び運行

○ その他の事業

新幹線（引き継いだもの）の財務処理と、民間鉄道の支援及び地域公共交通への支援

③ 現在行われている主な事業

○ 北海道新幹線工事（新函館北斗から札幌の区間）

○ 北陸新幹線工事　（金沢から敦賀の区間）

○ 九州新幹線工事　（武雄温泉から長崎の区間）

（5）原子力発電所の問題

今から１０年半前の２０１１年3月１１日に、宮城県沖を震源とした「東日本大震災」が発生し、この地震によって引き起こされた大津波が福島県沖を襲ったことによって、福島県の大熊町と双葉町に跨って立地していた東京電力・福島第一発電所の敷地一帯は、押し寄せた大きな津波によって著しく冠水してしまいました。

その結果、当時それぞれ稼働中であった三基の原子力発電施設において、保安用に設置されている非常用の電源が使えなくなってしまうと言う予想外の問題が引き起こされてしまった結果、原子炉の余熱の冷却が出来なくなってしまい、高温化してしまった原子炉の内部においては、核燃料の被覆材が持つ特性によって水素が大量に発生する事態となって行き、やがてそれが漏れ出て建屋内に充満することになったことによって、三基それぞれの原子炉建屋においてついに次々と水素爆発が引き起こされてしまい、それによって施設が損壊し、揮発性の放射性物質が大量に周辺環境に拡散されてしまうと言う、日本において初めての、誠に遺憾な重大なる原子力災害と言うものが生じてしまったのでありました。

そして、この原子炉建屋における水素爆発と言う由々しき事故の発生は、その後、風下方向の極めて広い地域に対して直ちに放射能の拡散を引き起こし、そして更には、風下方向の住民を対象としてその地区の全ての住民を３０Ｋm以上離れた地域へ避難させるために、行政側の責任において、住民の避難誘導と言う特別な措置が執られて行ったのであります。そしてその後の電力事業は、この事態の発生によって基本的な変革を求められることとなりました。

この原子力発電所の事故の後、日本の全ての原子力発電所に対しては停止が求められ、その後、規制当局によって、原子力発電所に対する規制基準の見直しが行われたことによって、それ以降、その新規の規制基準に合わせるために、全ての電力会社は、新たに必要とされることになった保安対策設備の追加や、改修のための工事に追われることとなり、また、そのような改修が困難な旧型の原子力発電施設については、その後、暫時、廃炉へと向かって措置して行く他に、方法は無くなってしまったのであります。

（６）日本企業の実力ランキング

ここで、日本の各企業の上位２０社について、その実力の度合いを、２０２０年度の売上高をもって示すこととします。

1位	トヨタ自動車	２９兆９２９９億円
2位	本田技研工業	１４兆９３１０億円
3位	三菱商事	１４兆７７９７億円
4位	日本郵政	１１兆９５０１億円
5位	日本電信電話	１１兆８９９４億円
6位	伊藤忠商事	１０兆９８２９億円
7位	ＥＮＥＯＳホールディングス	１０兆０１１７億円
8位	日産自動車	９兆８７８８億円
9位	日立製作所	９兆７６７２億円
１０位	イオン	８兆６０４２億円

１１位	三井物産	８兆４８４１億円
１２位	パナソニック	７兆４９０６億円
１３位	三菱ＵＦＪフィナンシャルグループ	７兆２９９０億円
１４位	丸紅	６兆８２７６億円
１５位	豊田通商	６兆６９４０億円
１６位	セブン＆アイ・ホールディングス	６兆６４４３億円
１７位	東京電力ホールディングス	６兆２４１４億円
１８位	出光興産	６兆０４５８億円
１９位	日本製鉄	５兆９２１５億円
２０位	東京海上ホールディングス	５兆４６５４億円

なお、これは、統計データとして既に公表されている資料の中から引用したものであります。

６－５　日本の研究開発体制と実績

（１）日本の研究開発体制

古来より、文明は科学的な知識を活用することによって支えられて来ており、その水準を高めるために、真理の追求のための研究とそれを応用するための技術開発とが不可欠とされて来ました。

そして今日にあっては、その研究分野には、基礎研究、応用研究及び開発研究があって、このうち基礎研究は、主に知的資産の蓄積を目的とし、応用研究は、基礎研究の成果の具体化とその応用とを目指すものであり、また、開発研究は、各種の知識・技術を複合的に組み合わせることによって、我々人類のために有益な新しい価値を生み出そうとする行為なのであります。

さて、今日における世界各国におけるＧＤＰ（国内総生産）について眺めると、その順位（２０１４年度）は、上からアメリカ、中国、日本、ドイツ、韓国、フランス、イギリス、ロシア、イタリアそしてカナダと続きますが、これに対する科学研究費の割合について見ると、１位が韓国（４，３％）、２位が日本（３，６％）、３位がドイツ（２，９％）、４位がアメリカ（２，９％）、５位がフランスで（２，３％）、そして ５位が中国（２，１％）というようになるのであります。

一方、日本において研究・開発関係の分野の業務にたずさわる人の人数（平成２８年の概数）については以下のようになります。

研究・開発関係業務に従事する人の合計　１０６万人
　　　　　・このうちの研究者は　…………　８４万７千人
　　　　　・研究を補助する者は　…………　２１万３千人

また、日本が研究・開発関係の分野に対して支出している予算は年間で約１９兆円であって、これは日本のＧＤＰ（国内総生産）の約３．６％ にも及ぶものでありますが、しかし、それはアメリカの約３分の１であり、中国の約２分の１なのであります。

なお、今日における科学技術的な研究テーマと言う視点においては次のようなものが挙げられていて、これに関係する人々は、その未来像に向かって探求を続けているのであります。

- ・ライフ・サイエンスに関すること
- ・情報通信の新しい技術に関すること
- ・環境及びエネルギー問題に関すること
- ・グリーン・イノベーションに関すること
- ・ナノ・テクノロジー（超微細技術）に関すること
- ・宇宙開発及び海洋開発に関すること

（２）日本における研究開発の成果

技術力において勝る立場の日本は、これまでに、いろいろな分野においてイノベーション（技術革新）を創出し、世界をリードしてきました。これによって、今日においては、例えば新幹線鉄道にしても、ゲーム用機器や漫画やアニメにしても、また、インスタント食品にしても、これらが日本において開発されたものであることは世界の誰もが知るところなのであります。

それではここで、現在においても市場をリードし、かつ、世界中に知られているいくつかの商品について、その成り立ち（その開発に携わった企業）の点について紹介します。

商　品		開発企業
・液晶ディスプレイ	……	ジャパン・ディスプレイ
・家庭用ゲームソフト	……	ソニー
・炭素繊維	……	東レ
・デジタルカメラ	……	キャノンその他
・内視鏡	……	オリンパス
・ハイブリッド車	……	トヨタ自動車
・白色 LED ライト	……	パナソニックその他
・発光ダイオード	……	日東化学工業
・フラッシュメモリー	……	バッファロー
・リチウムイオン電池	……	パナソニック
・レーザープリンター	……	リコーその他

第７章　日本の近代化を支えた人々

７－１　政治的な活動に貢献した人々

１　マシュー・ペリー（1794 ～ 1858）

彼は、フリゲート艦４隻から成る東インド艦隊の司令官であって１８５３年（嘉永３年）に、東回りの航路（大西洋を横断した後にケープタウンを経由し、スリランカ・シンガポールそしてマカオを経由するルート）にて横浜へやってきて、アメリカ大統領の国書を手渡して帰国し、その翌年に再度来日して、日米和親条約（神奈川条約とも言う）の調印にこぎつけ、それによって日米関係の端緒を切り開いたとされる重要な人物であります。

２　山内 容堂（1827 ～ 1872）

土佐藩主であった彼は幕末の四賢人とも称され、幕府に対しては恩義を感じていて、薩摩藩の横暴ぶりをきらっていました。しかしながら、すでに倒幕の流れを変えることは出来ないと判断していた彼は、坂本竜馬らによる建議を受け入れ、将軍の徳川慶喜に対して譲位を建白したのであります。

３　徳川 慶喜（1837 ～ 1913）

徳川幕府の第１５代将軍であった彼は、当時の政治情勢の急変により、もはや倒幕の流れに逆らうことが出来ないと判断し、京都の二条城において大政奉還を宣下しました。そして最後の将軍となった彼は、その一方で、その後に生じた鳥羽伏見の戦いで一旦は戦う姿勢を見せはしたものの、結局敗走することとなってしまい、その後は海路にて江戸城に引き上げ、更に、自らの判断によって江戸城の開城を決断し、その後は蟄居生活に入ったのであります。

4　勝　海舟（1823 ～ 1899）

彼は早くから剣術を学び、直心進影流剣術の免許皆伝者でもありました。蘭学を学び、その後に長崎海軍伝習所において航海術を学び、また元延元（１８６０年）には咸臨丸によって渡米を果し、その帰国後には軍艦奉行に就任していました。後に彼は、徳川幕府の幕引きとなった薩摩藩邸での会談にて官軍側大将の西郷隆盛と対峙して、江戸城の無血開城を条件として、官軍による江戸城の総攻撃を中止させました。今日においては、彼のこの決断は極めて英断であったとして、高く評価されています。

5　岩倉 具視（1825 ～ 1883）

公卿であった彼は、大久保利通と結託し、幕末から維新にかけて明治新政府を樹立するための大立ち回りを演じました。また、その後は外務卿となり、日米修好通商条約の改定を目的とする岩倉使節団の特使として訪米し、さらに、これに伴って欧米各地を視察して巡り、かの地における国政の在り方等、先進諸国の実情と言うものを子細に亘って調査しました。そしてその努力が、その後の日本の在り方に対して大きな影響をもたらしたとされます。

6　小栗 忠順（1828 ～ 1868）

幕末の時代に幕府勘定奉行を務めていた彼は、海軍力の強化のため、フランス人技師を招聘することによって、江戸湾入口の横須賀において、製鉄所を建設し、続いて造船所を建設すると言う内容の計画を着々と進めて行ったのであります。

この計画は、その後の幕府消滅によって一旦は瓦解したかに見えたものの、しかし、その後の明治政府は、この計画を従前通り継承して行くことにしたのであります。その結果、日本は艦船を建造するための技術的な基盤を持つに至って、その後の時代において多くの船舶を建造しうる産業力を培ったと言うことであります。

7　西郷 隆盛（1828 ～ 1877）

薩摩藩の下級武士の出であった西郷は、藩主の島津斉彬によって抜擢され、次第に頭角を現すものの、斉彬の没後に新藩主となった島津久光とは折り合わず、それによって、奄美大島や沖永良部島に流されたりしました。しかしその後、家老の小松帯刀や盟友である大久保利通の尽力によって復帰し、その後においては自身の実力を遺憾なく発揮するようになって、薩長同盟及び王政復古の立役者として、江戸城の明け渡し交渉に向き合うこととなりました。

そして、維新後においては参議となり、岩倉具視や大久保利通が海外視察によって不在中であった期間において政府を統括し、その間、大きな混乱もなく、統治の責任を全うしたのであります。

しかしながら、その後においては、政府内にて意見の対立を招くような状況になって行き、また、それよって政府の内部からの退去を余儀なくされてしまい、その後に生じた反乱戦争（西南戦争のこと）での首謀者に祭り上げられてしまったことで、彼はついに自決に追い込まれることとなったのであります。

8　大久保 利通（1830 ～ 1878）

薩摩士族の長男の彼は、先ず藩の記録所役人として出仕し、以後次第に出世して行き、その後は、藩主の島津久光と対面したことによって、ついに出世の足掛かりを得たのでした。さらに、文久２年には藩主の勢力に加わって京都に出仕することとなり、ここで公家の岩倉具視と出会ったことによって、以降、彼との間で公武合体の路線を志向するようになって行くのであります。

その結果、彼は次第に時局の問題に関与するようになって、その後、同士の西郷隆盛を引き込み、長州藩や土佐藩の有志らを誘って相互の連帯をより一層強固にするための三藩盟約を締結する方向に進めて行ったのであります。そして、三藩による連帯強化のためのこの盟約は、次第に徳川幕府の将軍である徳川慶喜の自由を奪うこととなって、それがその後の大政奉還の宣下に繋がったと言うことなのであります。その意味で、彼は明治維新の立役者の一人であるとも言えます。そして、その後に続く明治維新後の新政府において彼は、内務卿と言う重要な役目に任じられたのであります。

9　松平 容保（1835 ～ 1893）

会津藩第９代藩主の彼は、文久２年（１８６２年）に京都守護職に就任しました。この京都守護職とは、朝廷を守護するために置かれている要職であって、徳川幕府による信任が厚い、将軍家譜代の大名が務める重責とされていたものであります。

さて、江戸時代にあっても、幕末ともなれば幕府による統治にも緩みが生じ、ことに長州藩や薩摩藩・土佐藩等においては相対的にその軍備力が勝るようになって、その持てる力を誇示すべく動いたのが長州藩等でありました。元治元年（１８６４年）４月２０日についに武力衝突事件が生じました。それは長州藩の軍勢が宮中に近い蛤御門にまで軍勢を進めたために、宮中を守護する会津兵との間において小競り合いが生じたと言う事件のことであります。

そして、これに続いて行われたのが慶応３年（１８６７年）における鳥羽伏見の戦いでありますが、実はこの騒乱の最中、松平 容保は徳川慶喜の守護を名目として海路にて江戸に引き上げ、その後は自藩の会津へ帰還してしまったのであります。しましながら、長州藩を始めとする新政府の側はこれを許さず、会津へと攻め込んだために、ついに松平 容保は捉えられ投獄さてしまいました。

10　タウンゼント・ハリス（1804 ～ 1878）

ペリーの来航によって揺さぶられた日本の国際関係は、その後に成立した日米和親条約の締結によって、ついに門戸が開かれることとなり、これによって、１８５５年に初代の駐日領事に任命されたのがアメリカのタウンゼント・ハリスであり、彼は東回りの航路によって１８５６年（安政３年）８月２１日に日本に到着し、伊豆の下田へ入港しました。そして、これに対応した下田奉行によって正式に入国が許可されたことで、ハリスらの一行は、下田の玉泉寺に領事館を構えることになったのであります。しかし、その当時と言うのは、水戸藩の徳川斉昭らの攘夷論者たちが、彼らの江戸出府に反対していた時代であったために、ハリスは江戸への出府を望みましたが、それは直ちには許可されず、先ずは下田において和親条約の改定のための交渉に入り、１８５７年（安政４年）６月１１日になって、ようやく下田協定が調印されるに至ったのでした。

その後、アメリカの砲撃艦が彼らを応援するために下田へ入港する事態となって行ったため、これを契機として、ハリスの謁見が認められることになったのです。その後、大老となった井伊直弼は後の１８５８年（安政５年）に、朝廷による勅許を経ないままでこの条約への締結に踏み切り、ここに改めて日米修好通商条約が締結されると言うことになったのです。

11　ラザフォード・オールコック（1809 ～ 1897）

日英両国にあっては、１８５８年、ジェームス・ブルースが来日して日英修好通商条約が締結され、翌１８５９年（安政８年）７月をもって長崎・神奈川・函館の３港を開港することが約束されたのであります。そして、オールコックは、極東在勤のベテランとしての腕を買われ、１８５９年3月１日に初代の駐日総領事に任命されました。彼（オールコック）は、この命令を香港において受け取ると、5月１６日に香港を発ち上海経由で長崎に到着しました。彼は日英修好通商条約の批准書の交換を７月１日以前に行うように通達されていたため、長崎を６月２０日に出発し、６月２６日に品川沖に到着した上で高輪の東禅寺に入りました。

その後オールコックは、開港予定地であった神奈川の地の視察に赴き、７月６日に東禅寺に暫定のイギリスの総領事館を開き、また幕布に対して軍馬の取得を要請するなどしました。幕府側は彼らの到着を事前に知らされていなかった訳ではありますが、交渉自体は順調に進み、７月１１日に一行は江戸城に登城し、そして批准書の交換が行われました。なお、神奈川を視察する際にその対岸の状況を眺めて、その地（横浜）には居留地があり、そこが本来の開港地であることが知らされました。彼は実利的な側面から横浜が有利であると認めながらも、条約の遵守を考慮し、結局、領事館が神奈川の浄滝寺に置かれることを受け入れたのであります。

12　レオン・ロッシュ（1809 ～ 1900）

彼はフランスの出身で、１９２８年にアフリカのアリジェリアに遠征軍の一員として参加し、その後、アラビヤ語の通訳として活躍するようになります。彼は１８６３年６月に駐日公使に任じられて翌年の４月２７日に日本に到着し、５月２１日に幕府に信任状を提出しました。彼の通訳には、その当時すでに日本に入国していた宣教師がこれを引き受けました。

彼の最初の仕事上の課題は下関問題でありました。それは、下関海峡を航行中のフランス籍の船舶が、長州藩によって砲撃を加えられたと言うものでありました。彼は英国公使のオールコック、米国公使のブレイン、そしてオランダの領事との共同で、幕府に対して下関の通行問題に対して覚書を提出しました。一方、彼ら４カ国は連合艦隊を組んで横浜を出港して下関へ向い、９月５日には下関への攻撃を開始したのであります。その結果、戦闘は２日間にて終結し、講和が成立したのでありました。

一方、１８６４年（元治元年）に、彼（ロッシュ）は幕府勘定方の小栗忠順から製鉄所と造船所の建設に関して、その斡旋を依頼されるに及んで、以来、彼は幕府に寄った姿勢に転じ、積極的にこの問題に取り組むことになるのであります。また、１８６６年に開催されたフランスの「パリ万博」においても、日本から出向いた経済使節団に対しては丁寧に対応されたのであります。

13　ハリー・パークス（1828 ～ 1885）

彼はイングランドの生れではありますが、すでに中国語を学んでいたことから、なんと１５歳で厦門（アモイ）のイギリス領事館員に採用されることになって、通訳として働き始めるのでした。その後、当時すでに日本において公使となっていたオールコックに認められて、１８６４年には上海の領事となったのであります。

一方、オールコックは、日本の下関問題において自国を擁護する立場に立っていましたが、それは、日本とは衝突する危険性を含む対応であったために、結局、彼はその後に公使を解任される事態に至ってしまい、その後任となったのがパークスであります。

パークスは、勝海舟との間においてイギリス海軍の教官の受け入れについて交渉したり、日本各地における港湾状況の視察を行ったりした上で、政府の要人との面会を重ねて、日本から艦船の注文が入ることに対して密に期待していたのであります。

しかしながら、１８６８年（明治元年）に、ついに鳥羽・伏見の戦いが勃発し、幕府方の敗北が次第に明らかになってくると、幕府は、日本に駐留する各国の外交団に対して、保護不可能との内容の通知を出さざるを得ない事態に陥ったために、日本に駐留していた外国軍部の多くは、この通報を受けた後には、夫々の判断によって艦船を兵庫（神戸）へ移動させて行ったのであります。そして、新政府の正当性を早く確認したい思惑の各国は、競うようにして天皇への謁見と、新政府への信任状の奉呈を行い、また、各外国の側はいずれも競うようにして、新政府を認証して行ったのであります。

そして、その後、パークスはこの混乱の時代を経た後の１８８３

年（明治１６年）に、日本での滞在歴延べ１８年を経て、次の任地の清国へ、公使となって異動して行ったのであります。

14　寺島 宗則（1832 ～ 1893）

彼は薩摩藩の郷士の次男として生れ、伯父の養子として長崎にて蘭学を学び、その後は、藩主の島津斉彬の侍医となって江戸に出て番所調所にて蘭学を教える傍らで英語を学び、また、横浜において貿易の実務に関わったことを契機として、文久元年には幕府遣欧使節団への参加が求められることとなって、その中において特に西洋事情の探索要員として活躍しました。

その後、その翌年（１８６２年）の遣欧使節団においては通訳兼医師としてこれに加わり、その際に五代友厚（いわゆる政商）との親交を深め、さらには、慶応元年（１８６５年）における薩摩藩の遣欧使節団においてもこれに同行しているのであります。

彼は、その後においては、明治新政府において、それまで培ってきた諸々の経験を買われて外務卿に任ぜられることとなって、当時の混乱の世の中にあって、欧米各国との間における種々の交渉事を一手に引き受けて行く存在になったのであります。

15　木戸 孝允（1833 ～ 1877）

彼は藩医の子息でありますが、他家の養子となった後に吉田松陰の門弟となり、その後、江戸に出て武道や蘭学を収めました。そして、安政の大獄以降、薩摩、水戸、越前等の諸藩の尊王攘夷思想の志士たちと広く交わるようになって以降、高杉晋作や久坂玄随らと並んで藩内の指導者となり、要職に就くこととなりました。しかしながら、その後に生じた禁門の変によって、波及を恐れた彼は当面の潜伏を余儀なくされたのであります。

その後、明治新政府の成立によって政府官僚として出仕し、彼は藩籍奉還や廃藩置県等の政策を通して封建制度の撤廃を進め、近代社会の建設に向けて尽力しました。

16　江藤 新平（1834 ～ 1874）

彼は佐賀藩士の子弟で、藩校の弘道館に進み、その後、脱藩して上京し尊攘勢力への接近を図るものの、結局は折り合わず、その後帰藩したことによって、永蟄居と言う極めて重い処分を受けることになってしまいました。その後、幕末特有の政治情勢の変化が生じたことによって、慶応３年（１８６７年）に許された後、彼は新政府に任用されることとなって、それ以来、官職を通じて数々の要職を歴任して行き、その後においては参議として、国政の場において国の政策決定について深く関与することとなりました。

しかしながら、その後に生じた、いわゆる「佐賀の乱」においては、その動乱を首謀した者としての責任が問われ、その結果、最も重い処罰（斬首のこと）を受けることになったのであります。

17　井上　馨（1835 ～ 1915）

長州藩士の次男として生れた彼は、藩校の明倫館にて学び、安政２年（１８５６年）に藩主の参勤に従って江戸へ出仕して、ここで同郷の伊藤博文と出会い、また蘭学を学びました。そして、この時代に藩命に従って香港のイギリス商会から洋式船舶を購入するなどの過激派的行動に馴染んで行ったのであります。また、その一方においてはイギリスに密航し、ロンドン大学のカレッジにて学び、また、下関戦争においては、伊藤博文らと共に平和交渉に尽力しました。その後は、明治政府に出仕し、大蔵省において活躍したことによって、その存在が認められるようになり、その後は外務卿を経て大蔵大臣となって、外国人に対して国内での自由を認める政策などを打ち出しました。しかしながら、これらの施策に対しては、これを批判する勢力を勢いづかせる等、いたずらに政局の混乱を招いたと言われる側面が目立ったとも言われるところでもあります。

18　松方 正義（1835 ～ 1924）

彼は薩摩（鹿児島県）の生れで、１６歳の時に既に勘定方として出仕し、扶持米４石を得ていました。また、その後の精勤ぶりが認められて、藩主に拝謁する機会を得ていたのであります。その後には、明治新政府において軍務局の軍艦掛に任命され、その間に長崎や鹿児島を往来し、軍艦の買い付けなどに奔走していました。

一方、その後においては、彼は大久保利通の評価を得て昇進して大蔵省の官僚として地租の改定等の政策に絡み、その方針をめぐり後に大蔵卿となる大隈重信と対立するなど、幾多の難局を迎えたりしていました。その後には、伊藤博文の配慮によって内務卿に転出することとなり、それ以降、彼は海外諸国の要人との接触を繰り返し、また、その後の政変によって大蔵卿となった後は、日本において金本位制を採用するなどの政策に力を注ぎ、紙幣の増刷等の財政策を投入することによって、インフを抑制することに対して尽力したのであります。その後、彼は明治２４年に総理大臣に就任しましたが、その間において、彼の採った政策が、一方においてデフレを招来したとも言われる点については、その必然性と成果の良否との対比において、判断が分かれるところであります。

19　板垣 退助（1837 ～ 1919）

彼は、土佐藩士の嫡男として生れ、かの有名な坂本竜馬とは親戚関係の間柄にあったのでした。そして彼（板垣）自身は日本史上で初めて、議会政治樹立のために政府に対して民選議院の設立を建白し、現在における自由民主党系の政党の源流とも言える、愛国党や自由党の創始者になったのであります。

彼は、幕末の江戸において「戦争によって形成された社会秩序は戦争に依らなければ、これを覆すことはできない」と主張し、土佐藩における武力討伐派の重鎮として、薩摩藩との間の「薩土倒幕の密約」を結ぶのであります。そして、これに併せて土佐藩の兵制を改革し、近代式の練兵まで行いました。

また「鳥羽・伏見の戦い」後においては、天皇御新征東山道先鋒総督軍の参謀・迅衛隊総督となり、更にその後の戊辰戦争においても活躍しました。特に甲州勝山での戦い及び会津攻略戦においての軍功は著しく、その後の会津及び庄内両藩における蝦夷地売却計画に対してはこれを阻止し、日光東照宮を戦禍から守ることについても尽力しているのであります。

一方、彼は絶対尊王主義者としても知られ、君民一体による自由民権運動の主導者であり、「君主」は「民」を基とするので「君主主義」と「民本主義」は対立せず、同一不可分であると説いたのです。彼の論旨にはしばしば「天賦人権説」が引用されますが、それは単なる流用ではなく、日本の国体の状況に即し、歴史的な価値判断によって培われたものであることが明らかです。世界各国の自由主義思想においては、キリスト教神学の聖書解釈や個人主義的思想を伴って発展させたものが多い中で、板垣退助が説くところの自由主義においては、それが武士道精神にて熟成された愛国主義と密接に結びついていて、単純に「リベラリスト」などとは翻訳することが出来ない日本独自の特徴を持つものなのであります。これは板垣が生涯に亘って貫いてきた姿勢なのでありました。

20　後藤 象二郎（1838 ～ 1897）

彼は、高知城下において土佐藩士の嫡男として生れ、板垣退助とは竹馬の友とも言われる親しい間柄でありました。彼は１０歳の時に父を亡くしたため、義父に養育され、その義父の塾に学び、また長じた後に江戸に出て英語や航海術を学ぶこととなって、その後に帰郷してからは、当時、藩政を仕切っていた山内容堂の信任を得て藩の役職に就き、公武合体派の急先鋒として活躍しました。

慶応２年に、藩命を受けて長崎に出向き、また上海にも足を伸ばしていて、そこで海外貿易について学んだのであります。実はこの頃には坂本竜馬とも親交があったと言われています。

慶応３年（１８６７年）の大政奉還の際には、彼は薩摩藩参謀の大久保利通らと通じて薩土盟約を結び、また、英国公使のパークスとの交渉なども命じられていて、多忙を極めていました。

その後は、彼は新政府に関与することとなり、やがて大阪府知事や参議及び左院議長などの要職に就くのでありますが、しかしながら明治６年の征韓論争において敗者の側に立ったために、板垣退助や西郷隆盛らと共に下野することとなり、後に板垣退助や江藤新平そして副島種臣らと共に愛国公党を結成し、また、その後の自由党の結成において板垣に次いで副党首に就任することとなって、板垣からの入閣の要請により逓信大臣に就任し、また、それ以降においても、幾つかの閣僚を歴任するになるのであります。

21　高杉 晋作（1839 ～ 1867）

彼は長州藩士の子弟であって、藩校の明倫館における柳生新陰流剣術の免許皆伝者でもありました。その後は、吉田松陰が主宰する松下村塾に学び、更には、藩命を得て、江戸に遊学した後に昌平坂学問所において学び、また、海軍の修練にも就いて、帰国した後においては木戸孝允や久坂玄端らと共に尊攘運動にも加わり、それによって、京都や江戸にて他藩の志士たちとも交流しました。

文久３年には、関門海峡を通過する外国船を長州藩が砲撃を加えたことに対し、米仏両国から報復されて惨敗した（下関戦争）ことを受けて、彼が下関防衛の任を負わされたことによって、その後に彼は、志願兵による騎兵隊を組織するようになるのであります。そして、その後、中央の政争に係わるべく京都に潜伏したものの、結局、脱藩の罪によって投獄されてしまうのであります。

彼はその後に薩摩行きを命じられ、トーマス・グラバーを通じて軍艦を購入し、海軍総督として指揮を執り、その後においては幕府の艦隊を襲撃したりして戦功を挙げて行ったのであります。しかしながら、その後、彼は肺結核を病むこととなってしまい、療養中の慶応３年（１８６７年）に没しました。

22　伊藤 博文（1841 ～ 1909）

彼は長州藩の下級武士の子息で、松下村塾に学び、後に尊王攘夷運動に参加し、その後イギリスに密航し留学して、開国論者として活躍するようになります。明治維新後の１８６８年（明治元年）に明治政府に出仕し、その後次第に出世した後、初代の兵庫県知事に就任するなど、開明派の官僚として頭角を現すようになり、大蔵省においては貨幣制度の改革を担当し、１８７０年（明治３年）には財政及び貨幣制度の調査のために渡米して、それによって金本位制度の採用と新貨条約の交付を主導しました。また、翌年の岩倉使節団においても副使として参加し、この間に、同道した大久保利通らの信任を得ることになったのであります。
一方、帰国後においては、内政優先の立場から西郷隆盛らの征韓論に反対し、西郷が下野すると、大久保の片腕として参議兼工務卿に就任しました。また、大久保が暗殺された後においては、その後を継いで内務卿に就任し、まさに政府の中心人物となって行ったのであります。１８８５年（明治１８年）に太政官制から内閣制に変更された際には初代の内閣総理大臣に就任し、憲法典範の起草にあたり、枢密院が創設されることになると、その議長に就任しました。

また、帝国議会が創設されるようになると、その貴族院の初代の議長に就任し、１８９２年（明治２５年）に第二次伊藤内閣を組閣して国の政策を主導し、日清戦争に際しては戦後における日清講和条約の調印に臨んでいます。

彼は。後の日露戦争の開戦に慎重でありましたが、日露戦争終結後の朝鮮及び満州に係わる問題の処理に尽力し、１９０５年（明治３８年）には初代の韓国統監に就任、韓国の内政改革を進めるための政策実行の指揮にあたりました。彼は、対韓国の政策においては保護国化は止むを得ないものの、合併に対しては慎重であったとも言われています。１９０９年（明治４２年）に韓国統監を辞任した後、ハリピン駅において韓国民族主義運動家の暴漢によって狙撃されたために彼は死亡してしまいました。

今日、彼は開明派として憲法制定とその運用を確立させ、日本の近代化と立憲政治を定着させた人として、その功績は誰からも高く評価されているところであります。

23　陸奥 宗光（1844 ～ 1897）

彼は天保１５年（１８４４年）に、紀州藩士の子として生れました。この生家は、伊達騒動で知られる、伊達家の家系に連なる家柄とされています。彼は江戸に出て学びますが、この頃には、坂本竜馬・桂小五郎（木戸孝允）・伊藤俊輔（伊藤博文）らと交流していました。明治維新の後、岩倉具視の推挙によって外国事務局の御用掛となり、アメリカとの交渉において特殊軍艦の取得を成功させるなどした他、その後には兵庫県知事や神奈川県令、そして地租改正局長などを歴任しました。また、明治１０年（１８７７年）の西南戦争の際には、土佐の政治運動家達との間で連絡を取り合っていたことが発覚し、禁錮５年の刑を受けて投獄されています。

その後には駐米公使となり、そしてメキシコ公使として両国との間で日墨修好通商条約の締結に成功、またその一方で、山縣内閣において農務大臣に就任した際においては、身内が古河財閥に関与していたことから、足尾鉱毒問題に対して、これに正面から取り組む姿勢に欠いていたとも言われています。また、その反面では、その後の第２次伊藤内閣の外務大臣となって、当時の日清戦争においていわゆる「陸奥外交」とも呼ばれるところの、イギリスとロシアとの関係の中立化に成功し、これによって、日本の優位を勝ち取った功労者とも言われたりしました。

24　中江 兆民（1847 ～ 1901）

彼は、高知で生れて藩校にて学び、慶応元年（１８６５年）には留学生として長崎へ赴いています。その後、幕府の学問所において外国語の習得に努め、兵庫港（神戸港）が開港されると、フランス外交団の通訳を務めたりしました。また、明治政府が派遣した岩倉使節団においても、通訳としてこれに加わっています。

彼は、その後フランスに渡ってパリ及びリヨンに滞在し、帰国後は東京で仏学塾を開校しました。また、明治８年（１８７５年）に東京外国語学校の校長となりますが、この時には教育方針を巡って文部省と対立して辞任し、その後、元老院副議長の後藤象二郎によって引き立てられ、同院の書記官に任命されています。

その後、私塾の経営や新聞社の論筆を務める等の仕事を通じ、各界の著名人との間の親交を深めるようになって行くのであります。そして、明治２３年（１８９０年）の第１回衆議院総選挙において大阪から出馬し、被差別部落民らの支持を得ることに成功して当選し、これによって念願の国会議員となったのであります。彼はその後に政党の結成に奔走し、その結果、立憲自由党が結成され、その機関誌において主筆を務めました。しかしながら、その後における内紛によって議員の辞職を余儀なくされてしまいました。

彼は、その後に北海道の小樽に渡り、実業家として活動する一方で「北門新報」を創刊して主筆を務めたりしました。しかしながら彼はその後この活動からも離れ、後に幾つかの事業を興すなどの後に、５４歳にて死去しました。

25　桂　太郎（1848 ～ 1913）

彼は、長州藩士であり毛利家の庶流であった、名門の桂家の出身であります。長じて戊辰戦争に参加し、また、明治維新の後にあってはドイツへ留学し、その帰国後は山縣有朋の下で修業を積むなどした後に、陸軍次官・第３師団長・台湾総督を歴任し、その後には各内閣において４次に亘り次々と陸軍大臣を務めました。

また、明治３４年（１９０１年）６月に内閣総理大臣に就任した後に日英同盟を結成し、日露戦争において日本を勝利に導いたのであります。そして、その後しばらくは西園寺公望と交互で首相を務めることになったために、この時代は「桂園時代」などと呼ばれたりしました。また、それによって、彼の総理大臣としての通算在職日数が延べ2，８８６日にも及んだために、その後の百年以上に亘って、憲政史上最長の総理大臣と呼ばれることになったのであります。（現在の最長記録は、安倍元首相の３，１１８日です。）

26　東郷　平八郎（1848 ～ 1934）

彼は、薩摩藩士の子息として鹿児島の城下にて生れ、長じた後にイギリスのポーツマスに官費留学し、この留学においては主として国際法を学んだと言われています。

一方、後に長じた際の彼は、巡洋艦「なにわ」に艦長として乗り込んだ時に、停船の警告に応じなかったイギリスの商船を撃沈することになってしまいました。しかし、この際に執った彼の指揮自体は、国際法には違反しない行為であることが認定されたのでありました。また、その後の日清戦争の開戦に際しては、引き続き「なにわ」の艦長として多くの海戦に参戦して活躍し、それによって次第に昇進するようになって、明治３２年（１８９９年）には佐世保鎮守府の司令官となり、それに続いて舞鶴鎮守府司令官に就任したのであります。この地は、対ロシア戦を想定した場合における極めて重要なポストなのでありました。

そして、その後の日露戦争においては、彼は旗艦「三笠」に搭乗し、ロシア海軍の太平洋艦隊基地である旅順港の攻撃や黄海での海戦を始めとする海軍の作戦全体を指揮することとなって、明治２８年（１９０５年）５月２７日に、ヨーロッパ方面から極東へ回航してきたロシアのバルチック艦隊を向かえ、敵前にて大回航を行うと言う大胆な作戦を指揮してこれを迎撃し、遂に、この海戦を勝利に導くことになったのであります。

その一方において、この海戦はロシア側にとっては壊滅的とも言える敗北なのであって、この海戦の勝利によって、指揮官の東郷は国民的な英雄として敬われることになったのであります。

東郷自身は、その晩年には質素に暮らしていたと言われています。そして、昭和９年（１９３４年）に死去しました。なお、その死の直前において、侯爵の栄誉に輝いたのであります。

27　小村 寿太郎（1855 ～ 1911）

彼は、安政２年（１８５５年）に、日向国飫肥藩の藩士の子息として生れ、６歳で藩校に学び、１４歳で長崎に出て居留地の外国人らと接することによって、自ら進んで外国語の習得を熱心に行っていました。後に、藩の推挙によって明治３年に上京し、開成学校にて学び、その学業成績は常に最上位であったとされます。

また更に、明治８年（１８７５年）に、第１回文部省海外留学生に選ばれてハーバードのロースクールに入学し、彼はここで優秀な成績を収めたと言われます。そして、１８８０年（明治１３年）に帰国した後には司法省に入省しました。

彼は後に外務大臣の陸奥宗光に見出されて、清国公使館の参事官となって北京に駐在しました。１８９４年（明治２７年）に朝鮮にて生じた東学党の乱に際しては、日朝修好条規や天津条約に従って国論の調整に臨み、また、日清戦争中にあっては、彼は陸奥外相の方針を忠実に守って行動し、清国と向き合いました。

日清戦争に勝利した後、朝鮮国内においては乙未事変等によって朝鮮国内が騒乱状況に至り、これに対して、日本政府は小村を駐朝公使としたために、彼は初めて公司の立場で相手国との交渉に臨むことになったのでした。

その後、彼はさらに駐米公使となり、また、駐露公使となりました。また更に、１９０１年には、日清戦争時の彼の活躍を評価した桂太郎総理大臣に招かれて外務大臣に就任し、日英同盟の道を確立し、また、後の第２次桂内閣においても外務大臣を務めていましたがこの時期に彼が行ったのが、彼の政策の集大成ともいえる「帝国の対外政策方針」の提言であります。当時、これに対しては閣議による決定が行われました。また、その後においても、満州問題や日露協約あるいは韓国併合の問題について関与して、最後まで自論を展開し続けて行ったのであります。

28　後藤 新平（1857 ～ 1929）

彼は仙台藩家臣の長男として生れ、江戸時代の蘭学者・高野長英の遠縁にあたります。廃藩置県が行われていた後の時代に１５歳で上京し、東京太政官・荘村昭三の下で雑用掛となり、その際に知り合った政治家・安場保和の縁を頼り、１７歳にて福島県須賀川市の医学校に入学して医者となり、その後、愛知県の医学校（名古屋大学医学部の前身）の医者として自立することになります。また、そこで目覚ましく昇進して２４歳にて学校長となり、その際に、岐阜にて遊説中に暴漢に刺されて負傷した板垣退助（政治家）の治療を行ったりしています。

その後、日清戦争帰還兵の検疫業務を通じて官界に関与した縁を足掛かりにして、各界と通じるようになって行き、その結果、なんと南満州鉄道の初代総裁に就任することになり、また、そこで彼が持つ能力が最大限に発揮されるところとなって、この満鉄の経営は取り敢えず順調に推移して行ったのであります。

また、その後は拓殖大学の学長に就任し、第２次桂内閣においては逓信大臣を務め、さらには初代の鉄道院総裁を務めたりした他に関東大震災直後の第２次山本内閣においては、内務大臣兼帝都復興院総裁として、震災復興のための都市整備事業に関与しました。そして更に、晩年には貴族院議員となって、政治倫理を唱えて各地を遊説して廻りました。

７－２　経済及び産業活動に貢献した人々

１　三井 高福（1808 ～ 1885）

彼は幕末から明治初期にかけて活躍した実業家であり、三井銀行や三井物産を創設し、三井財閥の基礎を築いた人であります。

彼は、幕末維新の折に幕府と朝廷の間を巧みに動きまわり、外国奉行所御金御用達を務め、また、明治になってからは土地開発会社の総頭取として下総牧（房総台地の軍馬用牧場地のこと）の開発を手掛け、その一方では、政府の銀行行政に係わる実務を担って活躍をしました。また、金融の要となる第一国立銀行の設立に対しても関わっているのであります。そして彼は明治１８年に、享年７７歳にて没しました。

２　岩崎 弥太郎（1835 ～ 1885）

彼は天保６年に土佐国安芸郡にて生れて、２０歳の頃から算術や商法を学び、その後、土佐藩士の吉田東洋が開設した松林塾において学問の道に励みました。この当時の土佐藩は、開成館長崎商会を窓口として武器商人のグラバーとも取引をしており、これに関心を抱いた彼は、藩の重鎮である後藤正二郎に頼み、１８６８年（明治元年）に開成館大阪出張所（別名、大阪商会）に身を置くことになるのであります。しかしその一方では、翌年、土佐藩の首脳部たちが私的な海運商社「九十九商会」を立ち上げた際に、彼はこの事業の責任者となったのでありました。

この九十九商会は、後にその社名を「三菱商会」に変更し、また本店を東京日本橋に移した後には、その社名をさらに「三菱蒸気船会社」へと変更して行くのであります。その理由は、この当時にあっては、外国船が日本の国内航路にまで進出していると言う状況に置かれていたからなのであり、これを危惧した明治政府が、いわゆる「廻漕会社」の設立を後押しするために、蒸気船の貸し付けを行うことにしたと言うことが、当時の海運事業の育成に対して大きな役割を果したと言える状況の背景になっているのであります。

その後、明治７年の台湾出兵に際しては、政府はこれに伴う軍事物資の輸送の全てを、１３隻に上る船舶の貸し付けを伴って三菱に対して委託したのであります。そして、この対応に伴って、船会社の名前が「郵便汽船三菱会社」となり、その後に積極的に海外航路に進出したことによって、その業態は後にはさらに大きく変貌して行くことになったと言うことであります。

このようにして、明治の時代を先取的な姿勢をもって全力で駆け抜けて行った岩崎弥太郎は、ついに、明治１８年（１８８５年）に胃がんのために死去しました。

3　五代 友厚（1835 ～ 1885）

彼は鹿児島市の城下にて「三国名勝図絵」の執筆者として知られる五代秀尭の次男で、１２才にして文武両道を学びました。安政元年（１８５４年）、ペリーが浦賀沖に来航すると、天下は正に騒然となったのであります。その折、五代は「男児志を立てるは、正にこの時にあり」と記したと言われています。そして、その翌年には藩の郡方所助役となります。

文久２年（１８６２年）に、懇願するも拒まれた友厚は、水夫として幕府の軍艦「千歳丸」に乗船し、上海に渡航して、藩のためと称して、汽船を購入する契約を進めます。また、文久３年に生じた生麦事件の結果として発生した薩英戦争においては、寺島宗則と共に３隻の船ごとイギリス海軍の捕虜となりましたが、通弁の計らいによって、横浜にてイギリス船を脱出し、なんとか江戸に戻ったと言うような破天荒な逸話をも持っているのであります。

慶応元年（１８６５年）、 五代は藩命によって、寺島宗則・森有礼と共に薩摩藩遣英使節団としてイギリスに向けて出発し、さらに欧州各国を巡歴した上で、ベルギーにて、貿易商のモンブランとの間で貿易商社の設立に調印しましたが、しかし、この構想は、種々の要因によって、結局、失敗に終えてしまうのであります。しかしながら、これは五代にとってはとても良い経験となりました。

五代自身は慶応２年に帰国して、薩摩藩の商事案件を一手に握る会計掛に就任し、大阪商法会議所の設立に関与したり、その一方で長崎のグラバーとの合併によって長崎に船舶ドック建造用のドックを建造するなど、実業家としての手腕を大いに発揮し始めたのであります。また、更には、鉱山業にも深く関与し、新しい精錬技術を導入して、それまで放置されていたような銀や銅の鉱山の再開発に積極的に取り組んで行き、鉱脈の探査や新しい精錬技術の導入を行うことによって、鉱山の復興を進め、それによって、後に彼は「鉱山王」とまで言われるようになったのであります。

4　トーマス・グラバー（1838 ～ 1911）

彼は英国スコットランドの生れで、２１歳のときに上海に渡ってジャーディン・マジソン商会に入社し、その後、１８５９年（安政６年）に、開港後間もない長崎に移り、マジソン商会の長崎代理店として「グラバー商会」を設立し、貿易業を営むに至ったのであります。開業の当初は、日本からの生糸や茶葉等の輸出を主力商品とした貿易業を営んでいたのでありますが、やがて討幕派の志士たちと接するようになったことから、武器や弾薬等の輸入を主力商品とするようになっていったと言うことなのであります。

実際に客として訪れた人々と言うのは多岐にわたっており、その中には坂本竜馬を始めとして、五代友厚・森有礼・寺島宗則ら維新の志士たちが含まれていました。また、その一方では、大浦海岸において蒸気機関車のデモンストレーションなどと言うことも行っていたようであります。

そして、彼の事業は好調に推移して行ったことによって、経営者のグラバーは、後に高島炭鉱の経営にも関与し、炭鉱の経営が三菱に渡ってからも、彼はその所長として経営に関与していたのであります。また、余談ではありますが、彼の奥さんは日本人でありますが、その人は五代友厚が紹介した方なのであります。

5　安田 善次郎（1838 ～ 1921）

彼は、農民であった父親が、士分の株を買い上げて成り上がったところの富山藩の下級武士の息子でありました。２０歳となった彼は、１８５８年（安政５年）に江戸へ出て、奉公人として両替商に雇われて、そこで商売の仕方を学び、その後、自身で両替を商売とする安田商店を開業したのが、後の安田銀行設立の基礎となって行くのであります。彼はその後、さらに損害保険会社や生命保険会社そして不動産会社を次々と設立しました。

そして１８７０年代に至り、北海道においては最初の私鉄である釧路鉄道が開通し、硫黄鉱山の開発に向けて導入された蒸気機関車の燃料確保のために釧路炭田の開発が行われ、また、硫黄の積出し港として釧路港の整備が政府に働きかけられ、その結果、同港が特別輸出港として指定され、その整備が促進されたことによって、これにより港湾施設を抱えたその後の釧路は、道東最大の人口を誇る立派な都市へと変貌して行ったのであります。従って、この辺りの事情に詳しい人達にすれば、このような地元の事柄にその都度深く関わって行った当時の安田善次郎は、まるで硫黄鉱山の経営者でもあるかのように見られていたのであります。そして、安田本人の側から見ても、当時の彼の事業の多くが、この鉱山開発による繁栄によって成り立っていたことも事実だったのであります。

その後、彼は１８７６年（明治８年）には第三国立銀行の初代の頭取に就任し、その一方で、東京市に対し慈善事業費として３００万円（当時）を寄付し、そして、東京帝国大学に対して講堂建設費として１００万円（当時）を寄付しているのであります。この寄付によって設立された特徴ある形状の講堂の名前が安田講堂と呼称されているのは、このような由縁によるのであります。

しかしながら、彼の人生は、その後に生じた、彼の大磯の別邸における暴漢乱入事件によって、突然に停止を余儀なくされてしまうのであります。享年６１歳でありました。

6　渋沢 栄一（1840 ～ 1931）

彼は武蔵国榛沢郡血洗島（現在の深谷市）の篤農家の長男として

生れ、家業の藍玉（染色の原料）の製造販売を助けるために信州や上州方面に出掛け、日々、藍葉の買付けに奔走し大勢の人と接してその交渉力を磨いて行ったのであります。またその傍ら、常に従兄の尾高惇忠の下に通い、論語や日本外史を学んでいました。

彼は、文久元年（１８６１年）に江戸に出て学ぶうちに、尊攘派の影響を受けたことによって、社会秩序を乱すような行動に出たりしていたために、身の危険を感じて京都に逃げて、ここで一橋家の重臣の平岡円四郎に出会い、その彼の推挙によって一橋慶喜公に仕えることになったのであります。この当時の一橋慶喜は「禁裏御守衛総督」を拝命していて、要するにこれは京都守護職のことでありますが、しかしながら、戦力は持ち合わせていませんでした。

その後、慶応２年（１８６６年）に、主君の一橋慶喜公が将軍に就任することとなったことで、翌年パリで催される万国博覧会には一橋慶喜の名代として、慶喜の異母弟である清水家（御三家）当主の徳川昭武が主賓として出席することとなり、その結果、彼自身も昭武の世話係を兼ねた勘定方として遣欧使節団に加わって、これにより、彼はフランスを始めとするヨーロッパ各国を訪問して廻ると言う、人生において二度とない絶好の機会を得ることになったのであります。そして、その際には、通訳として同行したシーボルトと巡り合い、その後においてもシーボルトとの親交は続けられることになったのであります。

彼（渋沢）は、後に明治新政府において民部省の租税係に採用されたことによって、その際には、先の外国訪問によって得た知見を生かし、数々の提案を行うことによって業績を上げて、また、それに伴って次第に昇進し、その後の大蔵省においては、金融の改革を推進するようになるのであります。しかしながら、予算編成の在り方などを巡って、大久保利通や大隈重信と対立せざるを得ない状況に陥ってしまったことから、遂に、上司の井上薫と共に、大蔵省を退官せざるを得なくなってしまうのであります。

その後、彼は、シーボルト達の協力を得ながら、自ら設立を主導して第一国立銀行の総監役に就任し、また、その傍らで、日本初の民間銀行の設立についても奔走するのであります。そして誕生したのが第一銀行（後の第一勧業銀行、現在のみずほ銀行）なのであります。そして、彼はその後においても、例えば、石川島播磨造船所や日本製紙、東京ガス、大日本印刷、日本経済新聞、東京海上保険そして東京電力や日本鉄道会社等と言った、誠に多彩な企業の設立に関わって行ったのであります。

また、その後においては福祉や医療等あるいは経済団体等の組織化にも尽力しました。そして、彼は昭和６年（１９３１年）に大勢の親族に見守られる中で９１歳にて没しました。

7　田中 正造（1841 ～ 1913）

彼は現在の栃木県佐野市の生れで、生家は名主であり、明治維新の後にあっては官吏として働きました。そして３７歳で栃木県議会議員となり、４３歳の時にはその議長になっています。また、４７歳の時に第１回衆議院選挙に栃木３区から立候補して当選し、彼は立憲改進党なる政党に所属する国会議員になったのでありました。

さて、明治２８年（１８９５年）の頃、栃木・群馬・埼玉・茨城の４県に跨る渡良瀬川下流の広範囲に亘る水田地帯において、水稲が立ち枯れてしまうと言う深刻な農作物被害が、毎年のように発生するようになったために、この問題は地元の新聞によっても取り上げられるようになって、大きな社会問題に発展して行ったのであります。そして、この問題に真正面から立ち向い、原因の究明に対して取り組んだのが田中正造であります。

彼は、被害住民を集めて、監督機関である農商務省に対して大規模な抗議行動を展開すると共に、研究者たちに対し、科学的な視点に立った原因の究明を求めたのであります。そして仔細に渡る大規模な調査が行われたことによって、その原因が、渡良瀬川上流域の栃木県の足尾地区に立地している古河工業足尾鉱業所が、その操業に伴って排出したところの、鉱毒を含む汚染排水が主たる原因をなしていることが突き止められたのであります。

そして、原因が判明したことによって政府が動き、東京鉱山監督署の指導によって、事業主の古河工業に対し、汚染排水の化学的処理の徹底と、それに加え、工場排気の脱硫処理化への取り組みとが求められたのであります。一方、既に汚染排水が滞留してしまっている広大な低地については、これを遊水地として長期に亘って管理することとし、耕作を行わせない地域にしたのであります。それが現在の渡良瀬遊水地なのであります。そして、この問題の解決のために半生を尽くした田中正造は、その晩年を静かに送って71歳にて没することとなりました。

8　住友 友純（1865 ～ 1926）

彼は、当時の右大臣の徳大寺公純の第6子として生れ、名を隆麿と言い、貴族の末裔とも言える存在なのでありました。幼くして留学生としてフランスにて学び、その後に東京に移り住んで、学習院に入学して、主に法律を学んでいたのであります。

一方、住友家の側においては、第１２代当主の友近が４８才にて死去し、次いで第１３代当主となった友忠が１９才にて没したために、後継者不在の事態に立ち至る始末となって、止むを得ず後継者探しに奔走した結果、上述の徳大寺家御曹司の隆麿に白羽の矢を当てて、彼を住友家に迎えることにしたのであります。そして、両家合意の下で、隆麿（当時２９歳）は、住友家の長女満寿（当時１９歳）の婿として迎えられ、住友家当主の登久の養嗣となったのであります。このような経緯によって１８９３年（明治２６年）に遂に住友家の第１５代当主となった彼は、やがて水を得た魚の如く様々な活躍を開始するようになるのであります。

その後、彼が最初に行ったのは住友銀行の開業であり、また、その支店を各地に配置することでありました。この施策は住友の名を社会全体に認めさせ、また、社会的な信用を得るための最も効果的な方策なのでもありました。そして、これ以後、豊富な資金を足掛かりとして、別子銅山等の開発やその鉱山資源を製品化するための製鋼所の開設など、その当時における日本の経済発展に向けて足掛りとなる、基幹的な産業システムに関わるそれぞれの分野においてその基礎を次々と構築して行ったのであります。

その後、彼（住友友純）は、その活躍を大勢の人々から惜しまれながら、大正１５年に逝去したのであります。

9　豊田 佐吉（1867 ～ 1930）

彼は、慶応3年（１８６７年）に遠江国（静岡）で生れ、その当時における親の家業は半農の大工でありました。そのため彼は父に従って大工としての修業を始めるのであります。

その後、手先が器用であった彼は、旧式手織り機を観てその改良に取り組むようになって行き、その努力の成果によって、１８９０年（明治２３年）に至って「豊田式木製人力織機」を完成させ、それによって特許を得て、名古屋市にてこの機織り機（糸繰り機）を販売するための豊田商店を出店することになります。

また、その後には「豊田式木製混製力織機」を完成させて、合資会社を設立して工場を建設し、本格的に、この織機の製造と販売に乗り出すのでありました。程なくして会社の経営は軌道に乗るところとなり、また、その評判が全国に知られるようになりました。そして、その後の改良を経て、遂に「自動式織機」が出現することとなり、工場は豊田自動織機製作所となって、その製品は、日本のみならず世界に向けて出荷されるようになって行くのであります。

この貢献によって、彼は１９２７年（昭和２年）に勲三等瑞宝章を受章することとなり、そして、１９３０年に死去した際にあっては「従五位」に叙せられたのであります。

10　小林 一三（1873 ～ 1957）

彼は山梨県巨摩郡の商家に生れ、生れてすぐに母が死去し、父とも別れたために、叔父夫婦に引き取られて育ちました。

その後、地元の私塾を経て上京し、慶応義塾に入学してその構内の塾監の家に寄宿して住み、既にこの頃から新聞に小説を連載するなど、彼の文才は極めて非凡であることが示されていました。

その後、彼は三井銀行に入社し、その時代に業界の大物と言われた人物の勧めによって大阪へ赴任したのでしたが、しかし、結局はただ振り回されるのみに止まり、困った彼は止むを得ず、その当時既に動き出していた「箕輪有馬電機軌道会社」の設立を待って、同社の専務に就任することになったのであります。

この「箕輪有馬電機軌道会社」は、１９１０年に開業し、本来は有馬温泉方面まで延伸する計画ではあったものの、現実においては宝塚や箕面までにて止まっていると言う状況でありました。そこで彼は、逆転の発想に立って、その路線の通過予定地域の沿線周辺において大規模に土地を買収し、郊外型住宅地の開発を積極的に進めて、その一方で、これをサラリーマンを中心にした若年世代を対象として、割賦販売方式によって提供するという方策によって、その分譲を開始したのであります。また、その後には箕面地域に動物園を、また宝塚地域には大衆を想定した新しい温泉を開業させ、更にその後に宝塚歌劇団を創設して、この沿線の一帯を阪急グループの聖地と言わせる程に、大きく発展させて行ったのであります。そして、その後に社名を「阪神急行電鉄」と改めて、神戸線を開通させる等によって、大阪と神戸の間における人員輸送力の増強の面において大きな役割を果し、更に、これに併せてターミナルデパートや大規模ホテル、そして映画館等の娯楽施設の増強と言った面においても、その需要拡大の見込みを想定して、大きく踏み込んだ数々の施策を積極的に展開して行ったのであります。

そして、この経営方式は、その後の東京経済圏における、東武鉄道・西部鉄道・東急電鉄と言った各企業グループにおける企業展開において、少なからず影響をもたらしたと言って、決して過言では無いのであります。

11　中島 知久平（1884 ～ 1949）

彼は、慶応１７年（１８８４年）に群馬県新田郡にて農家の長男として生れ、海軍兵学校を経て、明治４２年１０月には海軍中尉に任官していました。彼はその翌年、アメリカに派遣されて、飛行機の機体整備について学びました。その後、彼は欧米にて学んだ知識を生かして、先ず複葉の水上機を設計し、試作機を完成させたのであります。そして、その間において、飛行機の国産化が急務であることを認識し、そのために政府（軍部）に対して資本の提供を申し入れたのでありましたが、彼が主張する「航空機の戦略的使用」によるその国産化は、結局、軍部に認められるところとならず、その結果、彼は海軍を退役し、その後、故郷の群馬県（現、太田市）において大正６年（１９１７年）に飛行機研究所を設立し、小型機の開発に向けて全力を投入して行ったのであります。

そして、彼が開発した４号型小型機がついに完成し、試験飛行によってその性能が認められたことにより、大正８年（１９１９年）に、彼の小型機に対して、初めて陸軍から２０基の注文が入ったことによって、ここに、ようやく「中島飛行機製作所」の存在が世の中に認められて、その生産体制が確立されたのであります。

彼はその後、会社の経営を弟に譲り、政党政治を支えるために政友会の顧問となり、犬養内閣において商工政務次官に就任し、また終戦後の東久迩宮内閣において軍需大臣及び商工大臣を務めて、第二次世界大戦後における戦後処理に当りました。

７－３　学術的な活動において貢献した人々

１　伊能 忠敬（1745 ～ 1818）

彼は延享２年に現在の千県県九十九里町で生れ、１７歳にて佐原の伊能家当主となり、その家業を継いで名主として暮します。またその後に家督を譲って隠居し、その後に江戸へ出た後、５５歳から７１歳にかけて延べ１０回にわたって測量を行いながら日本の各地を回りました。その努力の結果によって完成した日本地図は極めて精度が高いものであって、ヨーロッパでも高く評価され、明治以降においても日本地図の基本図としての役割を担って来ました。

２　間宮 林蔵（1775 ～ 1844）

彼は安永４年に現在の茨城県つくばみらい市で生れました。彼の青年時代にあっては、幕府が利根川の東遷事業を進めていて、土地測量の技術を持っていた彼は、この事業に参加していました。そして文化５年（１８０８年)、幕府の命によって、彼は松田伝十郎に従って、樺太の探査を行うことになったのであります。

彼らは現地の住人を従者に雇い、松田が西岸を進み、間宮自身は東岸を進むことにして探査を開始し、間宮側は途中のシャクコタンまで進んだものの、山岳地帯に阻止されてそれ以上の北上が困難であったために、結局西岸へ回り込み松田と落ち合った上で、ひたすらに北上を重ねました。そして遂に、樺太がアジア大陸とは切り離された離島であることを見届けたのであります。また、その一方において、この樺太には、アイヌ語を用いる住人の他に、アイヌ語が通じない他の民族がいることも確認しているのであります。

今日、アジア大陸と樺太との間の海域が間宮海峡とも呼ばれるのは、この間宮林蔵らが成した業績によるものなのであります。

3　フィリップ・シーボルト（1796 ～ 1866）

彼はドイツ生まれのオランダ人で、医者であり植物学者でもありました。２７歳の頃にインド艦隊に軍医として配属された後、長崎の出島にあったオランダ商館付きの医師となって日本にやってきたのであります。そして、この出島においては、彼は主に西洋医学の指導者として、日本各地から集まって来た多くの人々に対し、いわゆる「蘭学」を教えました。その中には高野長英を始めとする多くの若者が含まれていて、その後、彼らは著名な学者となって、日本の文化を支えるようになって行くのであります。

そして、１８２６年には、オランダ商館長の江戸参府に際してこれに随行し、その際に、彼は第１１代将軍の徳川家斉に拝謁しました。また、彼はその後にオランダの貿易会社の顧問としも再来日しており、１８６１年には幕府の顧問にも就任しています。

一方、彼は植物に対して非常なる関心を持ち合わせていて、長崎の出島に植物園を造り、日本の多くの植物を育てた上で、その種子を自国に持ち帰って育てていたのであります。

彼はその後、オランダ政府から、文化功労者として叙勲されています。そして１８６６年に風邪をこじらせて死去しました。

4　ジェームス・ヘボン（1815 ～ 1911）

彼は幕末時に来日し、横浜にて医療活動に従事し、聖書の日本語訳に携わり、そして初の和英辞典を編纂しました。また、その一方で、ヘボン式ローマ字の考案者としても知られています。

その彼は、シンガポールに滞在中の１８４１年頃に、日本語訳の聖書を手に入れて、これによって日本語の勉強を始めたのだとされます。また、１８５９年（安政６年）に日本に入国した後は、横浜の成仏寺を住まいとし、また、この時代に医者であった彼は、生麦事件（島津久光の一行が、行列を横切ったイギリス人を殺傷したというもの）の負傷者の治療にも当っていました。

彼の日本語の学習は、言葉の意味を日本語で一つ一つ聞いて回りその都度メモを取る方式であったとされます。いずれにしても、それを１０年余に亘って続けた結果が。１８６７年（慶応３年）に編纂された「和英語林集成」であり、そしてその６年後には、同書の第３版が出版されています。

一方、日本の表記においてローマ字を用いる際の「ヘボン式」は彼の出版物の「ヘボン式ローマ字」に基づいたものであります。

また彼は、１８６３年の時点ですでに横浜にヘボン塾を開設しており、これが後に他のミッション各派と連携し、洋学塾として独立して行った組織が、その後にフェリス女学院と称する学校の、その母体となっているものなのであります。

５　ギュスターブ・ボアソナード（1825 ～ 1910）

明治政府の最大の課題と言えば、それは何と言っても日本の近代化であって、そのためには、不平等条約撤廃の前提として列強国が日本に対して要求しているところの、近代法典（民法・商法・民事訴訟法・刑法・刑事訴訟法）を成立させることでありました。

そこで政府は、ヨーロッパで評価が高いドイツのナポレオン法典をモデルとすることを決めて、この問題への顧問にふさわしい人物を探したところ、先の川路利良らによる西欧視察にて、フランスのボアゾナードが法律の講義を行ったことを知ったため、この人物が適任者であるとして皆の賛同を得たことで、当時の明治政府は彼を法律顧問として招聘することにしたのでありました。

彼は、当初のうち、日本に来ることに難色を示したものの、彼が希望するパリ大学のポストが当分空かないことが判明すると、遂に日本への渡航を決意したのであります。そして彼は来日し、政府の法律顧問となって、司法省の学校において近代法等の講義を行ったことによって、それにより、ようやく、今日における日本の法体系の基礎が出来上がったと言うことであります。

6　ウィリアム・クラーク（1826 ～ 1886）

彼は米国マサチューセッツ州の生れで、同州のアマースト大学を卒業し、後にマサチューセッツ農科大学の学長を務めています。そして彼のこの時代に、明治政府からの熱烈なる要請を受けて、１年の期限を条件として札幌の学校（後の北海道大学）の初代教頭に就任して、第１期生としての学生を教えました。主な教科は動物学や植物学、化学そして英語でありました。

彼は、学生の指導に際しては、校内での規律並びに活動面において高いレベルの維持に努め、そのために、あらゆる作業の標準化を進めました。また日本を去るに当たっては、その準備として、彼の出身校である古巣のマサチューセッツ農科大学から、わざわざ後任を指名したのであります。そして、１期生との別れの際には、皆の前で「少年よ、大志を抱け」との声を掛けたとされます。この言葉は、今日においては、有意なる若者を鼓舞するための掛け声として広く知られており、余りにも有名な言葉であります。

7　中浜 万次郎（1827 ～ 1898）

彼は、文政１０年（１８２７年）生まれの高知県土佐清水市中浜の漁師の次男で、９歳の時に父を亡くし、兄が病弱であったために幼少期より漁師の下働きをして家計を助けていたとされます。

天保１２年１月、１４歳になった彼は、足摺岬沖のサバ漁に出る漁船に炊事係として乗り込み、５人のうちの１人として出漁したのであります。ところが漁船は、足摺岬の南東１５ｋｍほどの沖合にて操業中、突然の強風に吹き流されて航行不能となり、遭難してしまうのであります。そして、５日半ほど漂流した後に、伊豆諸島にある無人島の鳥島に漂着し、この小島においてわずかな海藻や海鳥を食料にしながら、彼らはその後の１４３日間を何とか生き延びた後に、アメリカの捕鯨船「ジョン・ハウランド号」によって発見されて救助されたのであります。

しかし、当時、日本は鎖国政策の最中であったために、日本に帰還することができず、結局、捕鯨船に同乗したまま、彼らの対応に従うしか他に方法が無かったのであります。そして、ハワイに立ち寄った際に、救助された５人のうち若い万次郎を除く４人はハワイにおいて下船することになりました。

その後、単独となった万次郎は、捕鯨船員の一人となり、生活を彼らと共にして、米国のマサチューセッツ州ニューベッドフォードに帰港した後、船長の家に迎えられて家族同様に暮らすことになるのであります。そして学校にも通い、子供らに混じって英語を習うなど、一所懸命に努力した結果、学業成績は上り、測量や航海術そして造船技術等を学んだりして行き、彼は優秀な成績を収めるようになったのでありました。

後に、引き続き漁師として捕鯨船に乗り込んで働くうち、ハワイのホノルルにて別れた元の乗組員と再会したため、その後には資金造りのために金鉱で働いて資金造りに励み、その後、上海行の商船に乗り込んで琉球に渡り、次いで九州に渡って、長崎での取り調べを経て、ようやく故郷へ帰還することが出来たのであります。

そして、彼はその後、土佐藩において士分に取り立てられ、藩校の教授に任命されて、そこで、後藤正二郎や岩崎弥太郎らの若手を相手としてアメリカの諸事情等を伝授したのであります。

8　福沢 諭吉（1834 ～ 1901）

彼は、現在の大阪市にて下級武士の次男として生れました。父は儒学者でもありましたが、彼が生まれたその翌年には既に死去しています。彼は体格に優れていたため、５歳の頃から漢学や剣法の手ほどきを受けるようになりました。また、様々な漢書を読み漁っていて、子供の頃には、すでに「漢書の前座」を務めることが出来ると言われるほどの学力に達していました。

彼の学問的・思想的な傾向は、亀井南冥や荻生徂徠に基づくものでありますが、その中でも、彼が特に関心を寄せたのは、亀井学による思想なのでありました。従って、彼の学問的な意識傾向は儒学に根ざしていたと見ることができます。

さて、安政元年（１８５４年）に、彼は長崎に遊学して本格的に蘭学を学び、また、黒船の来航によって砲術への関心が高まったために、オランダ流砲術を学ぶためにはオランダ語を学ぶ必要があるとして、彼は長崎奉行所配下の砲術家の役人宅に居候をして、その役人が所蔵している砲術書を書き写したり、また、オランダ通訳のもとへ通ってオランダ語を学んだりしました。

その後、彼は大阪の中津藩屋敷に居候（いそうろう）をしながら蘭学者の緒方洪庵の「適塾」にて学ぶこととなり、そして安政４年には、２２才でその塾長に迎えられたのであります。

一方、彼は、無役で石高もわずかな旗本の勝安房守（勝海舟）が重役に登用されたことの影響を受けて、中津藩の命を得て江戸へ出府し、その藩邸にて開かれていた蘭学塾の講師に就任し、また、その一方においては、築地の鉄砲洲にあった奥平家の中屋敷に住み込み、そこで蘭学を教えるようになるのであります。この蘭学塾にはその後、各藩からの塾生が多数集まるようになり、また彼自身としても、多数の有能なる人材と交わる機会を得たことによって、数々の刺激を受けたのであります。そして、この蘭学塾こそが、その後の慶応義塾大学設立の基礎となって行くのであります。

彼は、後に、安政６年（１８５９年）の冬、日米修好通商条約の批准書交換のための幕府使節団の一員として、アメリカに渡り各地を遊学する機会を得ました。また、その後においても、幕臣の時代にあっては、ヨーロッパ各地に赴き、海外の諸事情を十分に収集することに努力し、日本における学校教育の充実化に向けて、更なる研鑽を積むことになるのであります。

9　三島 通庸（1835 ～ 1888）

彼は、明治時代に山形県の県令（現在の知事）となって、中央政府の方針には従わず、その地方における公共的な土木工事等の計画および工事の実施において、極めて強引な手法を用い、反対派たちを退けつつその工事を完成に導いた人物として世間に知られ、そのような意味で「鬼県令」とも呼ばれた特異な人物であります。

しかしながら、その反面では、彼の力がなければこのような施策や事業は成功しなかったであろうことを想像すると、それは、この時代に残る「古いしがらみ」の改革に真正面から取り組んだことによって、他の人物では成しえなかったかもしれない実績を上げたと言う面において、この時代における「止むを得なさ」を認める怨嗟が観て取れると言うことではないかと思うのであります。

そもそも、彼の評価に繋がる主要な施策及び事業とは次のようなものでありました。

その１　財政政策の在り方について

彼は、道路工事等の行政において、政府の布告を無視し、農民等に対して納税の代わりに労役を課したのであります。この政策によって工事自体は進捗しましたが、その反面においてワッパ騒動等と言った、付帯する人民問題が提起されるに至りました。

その２　工事の展開の仕方について

上の政策によって工事に住民を駆り出すので、住民からの疑念を招くことかないように、工事の進捗率が偏らないよう、全体として均等に進める必要があることになります。つまり、特定箇所のみに偏って進めることは出来なくなるのであります。

しかしながら、結果的に見ると、三島県令が打ち出したこの政策は功を奏したと言うべきであって、計画された工事はほぼ順調に推移し、計画通りに完成して行ったのであります。

その結果、その後この三島県令は、明治１５年（１８８２）から隣接する福島県の県令を兼務することとなって、これにより、彼の手腕によって会津三方道路、塩原方面道路、そして安積疎水、那須疎水等の土木工事が進捗したと言うことなのであります。

10　前島　密（ひそか）（1835 ～ 1919）

彼は、越後（新潟県）において３００年以上続く豪農の家の次男として生れ、幼名を房五郎と言いました。その後、母と共に糸魚川藩で藩医をしていた叔父を頼り、その当時、彼は医者を志していて勉強に没頭していました。そして１２歳の時に、医学を学ぶために単独で江戸へ出て、学業に精進していました。

その後、アメリカのペリーが浦賀に来航したことを知り、国防の在り方に関心を持った彼は、日本全国に亘る海岸線を調査して廻りました。また、２４歳の時には函館丸に乗り込み、日本を周回して測量を始めとする航海実習を行っています。その後、長崎に滞在して、アメリカの宣教師から英語と数学を学んだ後、鹿児島藩の招きに応じて鹿児島開成学校にて英語を教えることとなり、その際には薩摩藩士としての待遇を得ているのであります。

一方、慶応２年（３１歳）に幕臣前島錠次郎の養子となり、江戸牛込に居を構えることになったのであります。そして、明治２年に政府に召集されることとなり、民部省に出仕して、その翌年に彼は郵便制度を立案するに至り、これによって、翌年、イギリスに遊学することになったのであります。この時に、彼はまだ３５歳と言う若さなのであって、油が乗りきった意欲的な人物に成長していたのでありました。

彼は、明治４年に、ついに郵便事業を創設しました。そして鉄道の駅に付帯する場所に郵便局を設立し、また要所要所に郵便ポストを設置して、またその一方では、この事業に伴い、鉄道に付帯する貨物の陸送に当るための、陸運元請け会社の設立にも関与するのであります。これが後に、鉄道の駅に付帯した日本通運なる物流会社の存在にまで繋がって行くことになるのであります。

その後、彼は内務省に出仕して駅逓総監に就任し、また後の明治２１年には、逓信大臣の榎本武揚に請われ、逓信次官にも就任することになるのであります。

11　新島　襄（じょう）　(1843 ～ 1890)

彼は上州（群馬県）安中藩の祐筆役の息子であって、その幼名を七五三太（しめた）と言いました。少年時代の彼は、幕府の軍艦操練所にて洋学を学び、また、アメリカ人宣教師が訳した漢訳聖書に出会って「福音が自由に教えられている国」のアメリカに渡ることを決意し、その後、渡航（密航）を思い立つのであります。

彼は、先ず海路にて函館に向かい、そこで出会ったロシア領事館の司祭との交流により、その協力を得て貨物船で上海に出て、太平洋航路の船に乗り換えた上でアメリカへと向い、慶応元年にようやくボストンへ到着しました。そして、その時に乗り組んでいた外航船の船主夫妻の援助を受けることによってフィリップ・アカデミーなる学校に入学することになったのであります。

そして１８６６年（慶応２年）にキリスト教の洗礼を受けて同校

を卒業し、また、その後に名門校と呼ばれるアマースト大学を卒業し、これによって学位を取得しました。そして彼はその間に、札幌農学校の教頭に赴任することとなったクラーク博士と出会っているのであります。また、彼は密航者であったために、帰国後のことが懸念されましたが、それは、当時、駐米公使となっていた森有礼によって適切に措置されたことによって、改めて正式な留学生として認可されることになったのであります。

さて、１８７２年（明治５年）になって、彼はアメリカへ訪問中の岩倉使節団と出会うことになります。そして、木戸孝充らの計らいによって、それ以降、彼は通訳としてこの使節団に加わることとなって、その後に、一行はニューヨーク経由でヨーロッパへと渡り更には、フランス・スイス・ドイツそしてロシアといった、当時の主要国をそれぞれ歴訪して廻ったのでありました。そして、その際において彼は「理事功程」なる図書を編纂したのでありました。そしてこの資料は、後の明治政府の教育制度に対して少なからぬ影響をもたらすこととなって、彼は、その後において、政府の教育制度調査団に随行していて、欧州各国における教育制度の実態についての調査活動を行っているのであります。

その後、彼は神学校を卒業し、ボストンにて教職に就く等を経て帰国し、故郷に滞在して、その間に数度に亘ってキリスト教の教義に関する講演を開催しました。その結果、同地にはキリスト教が根付き、後に安中教会が設けられることになったのであります。

また、彼はキリスト教の布教のために学校の設立に奔走し、京都を候補地と定め、木戸孝充の縁によってかねて親交を得ていた公家所有の用地を譲り受けて、１８７５年（明治８年）に、後の同志社学校の基礎となる同志社英学校を設立することとなって、その初代校長に就任するのであります。また、その頃の縁によって会津出身の八重と結婚することになりました。

そして、同志社大学の運営に奔走している中で出身地の群馬県を訪れ、その折に体調を崩すこととなってしまい、その後、神奈川県大磯にて療養生活に入った後に死去しました。

12　北里 柴三郎（1853　～　1931）

彼は肥後国（熊本）阿蘇郡小国村にて、庄屋の子として生れました。幼少期には、叔母の家に預けられて漢学者の伯父から四書五経を教えられ、一方では儒学塾にて漢籍や国学を学びました。１６歳の時に熊本の医学校に入学し、オランダ人医師による授業によって医学を教えられたことによって、医学の道に目覚めることとなりました。また、この授業を通じて外国語を学び、これによって、彼は逆に、通訳をも勤められるようになって行きました。

１８７５年（明治８年）に、彼は２３歳にて上京して、東京医学校（後の東大医学部）へ進学して熱心に授業を受けましたが、その反面、教授の論文に口をはさむことがしばしばあったために、教授の覚えに恵まれず、そのため何度も留年させられたとされます。

その後、彼は同郷の緒方真規の計らいにてドイツのベルリン大学に留学し、細菌学者のコッホと仲が良くなり、彼に師事して次第に業績を上げて行くようになったのであります。その結果、遂に彼は世界で初めて破傷風菌の培養に成功し、破傷風菌抗毒素を発見したことによって、世界の医学界を驚かせたのであります。そして、後に彼の名前がノーベル賞候補に挙ったとされますが、しかしながら結果的には受賞するには至りませんでした。

彼は帰国後、日本における病理研究の未熟さをなげき、これを知った福沢諭吉が日本の病理研究体制の不備を憂いて、資金援助を申し出たことによって、その後、芝公園内に「私立伝染病研究所」が設置されるに至り、これに対して北里はこれに大いに感謝し、その初代所長に就任するのであります。また、この私立伝染病研究所はその後、１８９９年（明治３２年）に、政府による資金援助を受けて国立機関となったことによって次第にその整備が進んで行くこととなって、それが後に、東京大学医科学研究所として引き継がれて行くことになるのであります。

13　アーネスト・フェノロサ（1853 ～ 1908）

彼はアメリカ・マサチューセッツ州の生れで、ハーバード大学で哲学及び政治学を学び、明治１１年（１８７８年）に２５歳の若さで来日し、東京大学において哲学・政治学・経済学を講じました。彼の講義を受けた者としては、岡倉天心・加納治五郎・高田早苗そして坪内逍遥らがいます。フェノロサの専門は政治学や哲学であって、必ずしも美術に通じていた訳ではありませんが、しかし、来日の後には美術に深い関心を寄せるようになって、後に、岡倉天心と共に古寺の美術品を訪ね歩き、その一方において、天心に協力するかたちで東京美術学校の設立についても尽力しました。

そもそも、フェノロサが美術品に公式に関わるようになったのは実は１８８２年（明治１５年）のことで、この年に狩野芳崖の作品に注目して以降、２人は親交を結ぶようになります。芳崖の遺作でもある「慈母観音像」は、実はフェノロサの意見を加味し、唐代の仏画をモチーフにして創作された近代絵画なのであります。

一方、フェノロサは、日本の美術行政そして文化財保護行政にも深く関わっていました。彼は１８８４年に文部省図画調査会委員に選ばれ、岡倉天心に同行して、近畿地方の社寺の宝物調査を行っています。また、１８９０年に帰国して以降、ボストン美術館の東洋部長として、世界に向けて日本美術の紹介を行って行きました、

14　大山 捨松（1860 ～ 1919）

彼女は、１８６０年（安政７年）に会津藩国家老の山川家の末娘として生れました。ところが、大政奉還によって明治となった後の戊辰戦争の展開にて山場となった明治元年（１８６８年）の会津戦争において、戦いに敗れて降伏した会津藩の人々は、その後、斗南藩（青森県下北半島）への改易（所領替え）を余儀なくされてしまうこととなって、そのために山川家としても、この措置に対しては従わざるを得なかったのでありました。

さて、１８７１年（明治４年）の頃、アメリカでの民状視察から帰国した北海道開拓使の黒田清輝による提案によって、この年に予定されていた岩倉使節団の訪米に随行させて、日本の若者（男女混合）をアメリカに留学させることとなって、その中に選ばれたのが視察団のメンバーでもある山川健次郎の妹の「さき」（後に捨松と呼ばれる）なのでありました。山川家としては、当家の名誉回復の機会としても捉えたため、既に洋式の「しきたり」にも馴染んでいた「さき」を送り出すことについて、特に躊躇することはなかったと言われます。しかしながら、その時に彼女に敢えて「捨松」なる特異な名前を付けて送り出した裏には、その際における両親の固い

決心の程が伺い知れるところなのであります。

そして、この時に一緒に留学に加わった女子留学生は合計５人でしたが、このうち、すでにある程度の年長者でもあった２人は早期に帰国していて、残った３人（山川捨松・永井しげ・津田うめ）はアメリカと言う異文化の国の暮しに無理なく順応して行き、予定の期間を満了するまでアメリカの暮らしを楽しんだとされます。

一方、捨松は、一緒にアメリカに渡った兄が親しく接していた人の縁によって、牧師（聖職者）のベーコン家に寄宿することとなって、その家人と同様に暮らして行き、また、ベーコン牧師の介在によってキリスト教の洗礼を受けたのであります。そして彼女はその後、地元の高校を経てニューヨーク州のワァッサー大学（著名な私立女子大学）に入学することになって、その寮で暮しました。

そして、語学が得意であった彼女は優秀な成績を挙げ、その際に彼女が行なった講演は、地元紙によって称賛されたと言われます。その後、彼女はアメリカの「赤十字社」による公共活動に強い関心を寄せるようになって行き、留学期間を延長してこの活動への参加を求め、それによって看護婦としての資格を得たのであります。

その結果、彼女が日本に帰国したのは１８８２年（明治１５年）のことであり、その時には、アメリカでの滞在はすでに１１年にも及んでいました。そして帰国後の彼女は、当時における日本の現状とアメリカとの間における社会的な環境の面でのその落差の大きさに驚き、ただ呆然とするばかりであったとされます。

一方、その頃の彼女に声を掛けた人物が、参議であり陸軍卿でもあった伯爵の大山巖でありました。彼女は、自分が元会津藩士の娘であること、そして彼が仇敵の薩摩人であることを憂慮して彼の申し入れを断るのでありますが、しかしながら、その二人の間に彼の従弟の西郷従道（陸軍大将で西郷隆盛の弟）が入る形となって説得が行われたことによって、結局、彼女（捨松）は大山巌の申し入れを受けることにしたのであります。そして、彼女は陸軍卿大山巌の妻となり、この当時特有の鹿鳴館外交における花形となって、日本の外交活動における影の主役を務めることになったのであります。

また、彼女はアメリカ留学において同行していた津田梅子の求めに応じ、女子英学塾（後の津田塾大学）の設立を手伝ったり、日本赤十字の活動を応援したりしていました。そして、その一方においては自身の２男１女を養い、また一方で先妻が残した３人の娘を養育する等によって、多忙を極める生活を送っていたのであります。

15　白瀬　矗（のぶ）　（1861 ～ 1946）

彼は秋田県由利郡金浦村（現在のにかほ市）の出身で、蘭学者の寺子屋にて学び、そこで１１歳の頃にコロンブスやマゼランそしてスコットらによる新大陸発見や極地探検について教えを受けたことによって、探検家を志すようになったと言われています。

彼は、１８８１年（明治１４年）に、先ずに東京の陸軍教導団の騎兵科に入って軍務の基礎を学び、その後、仙台に配属されて伍長となっていて、その頃に、児玉源太郎（日露戦争時の満洲軍総参謀長）に出会って声を掛けられた際に、極地探検の思いを伝えたところ、児玉から、そのためには先ず樺太や千島において、その基礎を学ぶように教えられたのであります。これによって１８９３年（明治２６年）に郡司大尉が率いる千島探検隊に加わり、千島に渡って越冬隊員として現地に残り、最終目的地の占守島（千島列島最北端の島）に到着して越冬したのであります。そして後に彼は日露戦争に出征して功を挙げて、これによって中尉に進級しました。

さて、１９０９年（明治４２年）にアメリカ隊が北極点を踏破したとのニュースを知った彼は、失望感を抱く一方で、その目標を南極に向けることとし、組織を通じ、国民からの義援金を募る等々によって資金を確保して行き、それによって積載量２０４トンの木造帆船を買い取り、中古の蒸気機関を設置する等の改造を行った上で探検隊を組織し、２９頭の極地犬を連れて、１９１０年（明治４３年）に東京芝浦埠頭を出港して南極へと向ったのであります。

そして、途中のウェリントン（ニュージーランド）港にて物資を補給し、後の1月１６日に南極大陸に到達し、クジ湾より上陸して極地に向けて出発したのでありました。しかしながら、現実にはその地はロス海の奥の棚氷地帯であって、大陸との間に氷の崖が切り立っていて、そこからの南極点への踏破は困難であると判断するに至り、その地にて留まり、領土権確保の観点から測量を行った上で日章旗を立て、「大和雪原」と命名して、その領有を明らかにしたのであります。

その後、彼らはウェリントンに戻り、その地で一旦隊を解散した上で、白瀬ら４人は貨物船にて日本に帰還し、また、他の者は海南丸にて東京芝浦へ帰還したのであります。そして、彼らを迎えた大勢の人々は、彼らによる極地探検の成功と帰還を喜び、提灯行列によってこれを迎えたのでありました。

16　津田 梅子（1864 ～ 1929）

彼女は旧幕臣の津田仙夫妻の次女で、江戸にて生れて向島にて暮し、幼少時には手習いなどに時間を費やしていたとされます。

そして、父が応募した渡米が認められたことによって、彼女（当時7歳）は１８７１年（明治４年）に岩倉使節団に随行して１２月１２日に横浜を出港し、サンフランシスコを経由してワシントンに到着しました。アメリカにおいては、ジョージタウンにて日本弁務官書記のチャールズ・ランマン夫妻に預けられることとなり、結局彼女はその後、このランマン家にて１０数年を過ごすことになるのであります。彼女は英語やピアノを習い、また、9歳の時に同地の教会において洗礼を受けました。１８７８年（明治１１年）に初等学校を卒業すると、次に私立の女学校へ洗進学し、ここで独立系の教会にて洗礼を受けることになります。そして、彼女は、大山捨松と同様にアメリカでの滞在期間を延長し、１８８２年に日本に帰国することになります。結局、その間でのアメリカでの滞在は、大山捨松と同じ１１年間にも及びました。

帰国後、彼女は、日本語による会話能力に不自由し、また、日本的な習慣に不慣れになっていて、この実状を知った伊藤博文の配慮によって伊藤家へ滞在するようになり、その一方で、華族女学校にて英語教師になったのでありました。しかし、上流階級の気風に馴染めなかった彼女は、この時に生涯の未婚を誓い、留学時代の友人アリス・ベーコンが来日した際に、その勧誘に従って再度の留学を決意し、１８８９年（明治２２年）に再び渡米するのであります。

そして、再度の渡米を果した彼女は、フィラデルフィア郊外の大学で生物学を専攻し、一方、アリス・ベーコンが本国に帰国すると彼女はアリスの研究を手伝ったりしました。そして１８９２年（明治３１年）に再帰国し、その後、１８９８年（明治３１年）に女子高等師範学校の教授となり、さらには、女子教育の高まりを受けて大山捨松らの協力を得て、その２年後に女子英学塾を設立し、女子教育の拡大に尽力することになるのであります。そしてこれが後に津田塾大学となって行くのであって、彼女はその基礎を築いたのであります。そして後の昭和４年に６５歳にて死去しました。

17　加納 治五郎（1860　～ 1938）

彼は１８６０年（天延元年）に現在の神戸市にて生れ、実家の加納家は、主に酒造りや回船業を営む、屈指の名家でありました。

彼は、長じた後に東京開成学校（後の東京大学）に学び、その頃から柔術に親しんでいました。そして１８７９年（明治１２年）には、渋沢栄一からの依頼によって、アメリカ大統領の前で柔術を披露しており、その後には、東京大学を卒業して柔術における個々の技の確立を図り、また、それを理論化することによって独自の武術としての「柔道」を創設し、その実践の場として東京・下谷に道場を開設しました。そして、その武道場には講道館と言う名前を付けることになります。従ってこれ以降、彼の流派は「講道館柔道」と称されることになり、また、段位制を取り入れることによって、その技術レベルが第三者に対して容易に理解されるようにしました。

その結果、彼が開拓した柔道は世の中に急速に広まって行くこととなり、また、日本人の精神性に合った格闘技として、その教育的な価値が認められるようになって行くのであります。

今日では、柔道はスポーツとして認められて、世界中に広まっており、世界的な大会も開かれ、また、オリンピックの種目の一つにもなっています。一方、日本においては、柔道は警察官向けの護身教科としても導入されていて、その実用的な側面に対しては誰もが認めるところであります。彼は、その後には貴族院議員に選ばれるなど、武術的な面を伴ったスポーツ競技を開拓した人として、その名が世界に知れ渡っているところであります。

18　内村 鑑三（1861　～ 1930）

彼は高崎藩の藩士の子として生れ、後に藩士が設立した英学校にて学び、それによって英語を身に付けるようになりました。

明治６年（１８７３年）に上京して更に英語を学び、明治９年に札幌農学校が創設されたことを知ると、経済的な理由からその特典に心を動かされて同校への入学を決意して、出発に先立ち、東京で同じ思いの人達と集まってグループを結成するのであります。そして、その中には、新渡戸稲造や宮部金吾と言った、その後において大きな活躍をすることになる有為な人物たちがいました。

さて、入学した後に彼が知ったことは、札幌農学校は、その初期に在職していたクラークたちの外国人教師によって、学生に対してキリスト教への改宗を強要すると言う事実なのでありました。彼は立場上、止むを得ずこれに同意しましたが、後に彼が無教会主義に傾いて行ったのは、実に、この頃に目覚めたところのキリスト教への疑問からなのでありました。いずれにしても、彼はこの札幌農学校を優秀な成績にて卒業すると、その後、北海道開拓使事務所に勤め、その勤務の傍らにおいて、札幌農学校にて教師を勤めていました。そして後に、札幌独立キリスト教会を創立するのであります。

また、明治１５年（１８８２年）に北海道開拓使が廃止になると札幌県の職員となったり、津田仙（著名な農学者）が創設したところの農学校の教師を勤めたりしていました。

その後、彼は明治１７年（１８８４年）に私費にてアメリカへ渡り、マサチューセッツ州の高名なアーマスト大学へ編入し、新島譲の恩師でもある H・シーリーの下にて勉強して、伝道師になるための道に進むことになるのでありました。

１８８８年（明治２１年）に帰国した彼は、東京へ戻り、第一高等学校（後の東大教養学部）の嘱託教員として働くことになりました。しかしながら、彼はこの職において明治２４に、講堂における教育勅語奉読式において、明治天皇の親筆なる親書に対し奉湃（恭しく拝むこと）すべきところ、それを意図的に怠ると言う、いわゆる不敬事件を引き起こしてしまったのであります。これはマスコミにも取り上げられて全国に喧伝され、その結果、内村本人の社会的立場に対して極めて大きな影響をもたらすことになってしまったのでありました。その後、彼は教職の場を去って、伝道者の道を歩むこととし、経済的にも苦しい時代を過ごしたのでありました。

彼は後に同郷の柏木義円らと共に非戦論を唱えますが、その本旨は「戦争政策への反対と無抵抗主義」なのであって、あくまで義のある戦争における兵役はこれを受容すべきものとして、彼らにおける、その行動原理を明確に提示したのであります。

19　牧野 富太郎（1862 ～ 1957）

彼は、土佐（高知県）の佐川村にて酒造業を営む裕福な家の生れで、幼少より植物に大変興味を持っていたと言われます。１１歳で郷校の名教館にて学び、地理・天文・物理に親しみました。１７歳になって高知師範学校にて学び、ここで植物学に関心を持つようになり、その後、江戸時代の学者による「本草細目啓蒙」に出会ったことによって、彼は、次第に、この本草学に傾倒するようになって行くのであります。

１８８４年（明治１７年）に上京して東京帝国大学の植物学教室を訪ね、同教室の文献資料の使用を許可されて、これによって植物の研究に没頭するようになり、やがて彼の研究成果が世の中に公表されて行くようになるのであります。彼は作画が得意であったために、その標本等の多くを自身で作成して、それが収録された「植物学雑誌」を発表しました。そして、これに続く彼の学術論文の中で数々の新種を発表したことによって、やがて、世界に彼の名が知られるようになって行くのであります。

彼は、５０歳での助手の時代から講師に至った７７歳までの間を東京大学の講師として勤め、その間に成した植物学上の諸々の成果によって、１９５７年に文化勲書が授与されています。

20　新渡戸 稲造（1862 ～ 1933）

彼は、１８６２年（文久２年）に陸奥国（岩手県）の南部藩士の３男として生れ、藩校にて学び、早世した兄たちに代わって当家の家計を支えるようになりました。その後、彼は上京して英語学校にて学び、１５歳の時に札幌農学校（後の北海道大学）へ２期生として入学して、その環境の中でキリスト教に入信して行ったのであります。この時の同期生には内村鑑三や宮部金吾らがいました。そして、この時期を境として、彼はキリスト教に深い感銘を受けてその教義の在り方にのめり込んで行くことになるのであります。

彼は、後に東京帝国大学に入学したものの、その教育内容に満足できず、１８８４年（明治１７年）にアメリカへ私費にて留学してポプキンズ大学にて学びました。しかし、彼はここにおいても満足できず、更にドイツに渡り、農政学が創設された「ハレ大学」にて学んで、ここで農業経済学の博士号を取得することになります。

そして１８９１年（明治２４年）に帰国し、改めて札幌農学校へ教師として赴任することになるのであります。そしてこの間に出版した彼の最初の著書「日米通交史」によって、彼はポプキンズ大学から名誉学士号を授与されることになります。

その後、彼は京都帝国大学や東京帝国大学の教授、そして東京女子大学の学長などを務め、また、１９２０年（大正９年）には国際連盟の事務次長に就任し、人種的差別問題などに取り組みました。

しかし晩年は政治問題に関する発言が増えて、それによって周囲から反発をまねくようになり、失意の日々を送ったとされます。

21　岡倉 天心（1863 ～ 1913）

彼は福井藩士の次男として横浜にて生れ、幼少期より英語に慣れ親しんでいて、その後、東京外国語学校そして東京開成学校（後の東京大学）へと進みました。

彼は２１歳の時に、同校の講師であるアーネスト・フェノロサに従って、その当時、京阪地方に散在していた社寺における仏像等の古美術品について、その保存及び管理の実状に関する調査に深く関与して行ったのであります。そしてこれが起縁となって、彼はその後の東京美術学校の設立に際して幹事となり、これに深く関与して行くことになって、彼はフェノロサと共に欧米各国を訪問し、各国における美術品の保存及び管理に関する調査をつぶさに実施して回ったのであります。そして、１８９０年（明治２３年）の東京美術学校の開校に際しては、彼がその初代校長に就任し、フェノロサが副校長に就任することになったのであります。

この東京美術学校において、彼は横山大観・下村観山・菱田春草と言った多くの日本画の大家を育てました。しかしながら、その後に生じた内紛によって、彼はこの美術学校を辞任せざるを得なくなり、その後、横山大観らの協力を得て、一旦、東京都の谷中において、日本美術院を発足させることになったのであります。

そして、その後に、この日本美術院は、茨城県北部において太平洋を望む「五浦」なる台地へと移されることになり、横山大観らはこれに従い、彼らはこの地において引き続き制作に没頭し、朦朧体と呼ばれる作風の数々の作品を残すことになるのであります。

そして、この時代の日本美術界を牽引してきた岡倉天心は、大正２年（１９１３年）に５０歳にて永眠しました。

22　野口 英世（1876 ～ 1927）

彼は、１８７６年（明治９年）に福島県猪苗代町にて生れ、１歳の時に囲炉裏（暖を取るための炭火炉）の端に落ち、火傷によって左手指が自由に動かせないようになってしまいます。

１８９３年（明治２６年）に高等小学校を卒業した彼は、無償でその手の手術をしてくれた病院に、それ以後の３年半に亘って書生として住み込んで、医学の基礎知識を学ぶことになります。そして１８９７年（明治３０年）に、ついに医師免許の取得を果すことになるのであります。また、その翌年、彼は血清療法の開発で知られる北里繁三郎の伝染病研究所へ務めることになりました。そしてそれを機に、それまでの名前の「清作」を「英世」に改名することにしたのであります。

１８９９年（明治３２年）に、横浜に入港したアメリカ船の船内でペスト患者を発見して診察し、その働きぶりが認められて、後に清国のペスト対策要員としての国際防疫班員に選ばれることになります。また、１９１８年（大正７年）には、ロックフェラー財団からの依頼により、当時、黄熱病が流行していた南米のエクアドルに派遣されることになりました。彼には黄熱病の臨床経験はなかったものの、現地に入ったその９日後には病原体の特定に成功し、彼はそれによってワクチンを開発したことによって、防疫に成功したのであります。しかしながら、彼は後の１９２８年（昭和３年）５月に軽い黄熱病の症状を発症して病院に入院するも回復せず、その後に死亡してしまいました。享年５１歳でありました。

23　吉野 作造（1878 ～ 1933）

彼は宮城県志田郡（現在の大崎市）の生れで、仙台の第二高等学校を卒業し、１９００年（明治３３年）に東京帝国大学へ入学して政治学科を卒業しました。そして後に中国に渡って、革命家である袁世凱の長男の家庭教師を勤めたりしました。

その後、東京大学法学部の助教授を経て１９１０年に欧米へ留学し、その帰国後に、再度、東京大学教授として教鞭をとることとなって、特に社会主義について詳述するようになりました。また、彼は「中央公論」などの刊行物において幾度となく論文を発表したことによって、いわゆる大正デモクラシー（大正時代の自由主義的な発想による言論運動）を牽引する、当時における、代表的な論客となって行ったのであります。一方、１９２４年（大正１３年）には東京大学を辞任し、朝日新聞に入社した際に、彼の論説が筆禍事件を生むこととなってすぐに退社し、再び東京大学に戻って講師となり、この時期に在野の異色人物を集めて「明治文化研究会」を組織して、これによって、他の大正デモクラシー的な論客と共に、社会民主主義的な立ち位置における論陣を構えることによって、彼は積極的に世論をリードして行ったのであります。

しかしながら、その後に、多くの者に惜しまれる中で、１９３３年（昭和８年）に、彼は５５歳の若さで病死してしまいました。

24　柳　宗悦（1889 ～ 1961）

彼は、東京麻生において海軍少将の三男として生れ、学習院高等科（旧制）を卒業して、この頃から同人誌の「白樺」に参加し、また東京帝国大学に進学した後の彼は、アメリカの詩人ホイットマンによる思想的な影響を受けて、芸術と宗教とを複合させた、彼独特の世界観（柳思想）を持つようになって行くのであります。そして兼子（声楽家）と結婚した頃から、その創作活動が旺盛なものとなって行き、志賀直哉や武者小路実篤ら白樺派の面々が集まっている我孫子（千葉県）に居を構えるようになるのであります。

また、その当時、白樺派が美術館の建設を計画して行く中で、作品の蒐集を進めていた彼は、フランスの彫刻家のロダンとも文通していて、その縁により、浮世絵との交換で彼の作品を入手したりしていました。その後に彼は、１９１９年（大正８年）に東洋大学の教授となり、一方では、関東大震災を機に京都へ転居し、そして同志社大学等の講師を勤めたりしていました。

その後、雑誌「工藝」を創刊して民芸運動の拡大に努め、また濱田庄司らと共に「日本民藝美術館」の設立運動に関与し、その趣意書を発表したりしました。そして日本民藝美術館が開設されるとその初代館長となり、その後、これらの活動によって１９５７年（昭和３２年）に文化功労者に選ばれました。

一方、その晩年においては闘病生活を余儀なくされて、１９６１年（昭和３６年）に逝去しました。

7－4　美術・工芸活動に貢献した人々

1　高村 光雲（1852　～ 1934）

彼は東京の下谷（現在の台東区）に生れて、文久３年（１８６３年）に仏師の高村東雲の弟子となり、また、東雲の姉の養子となることによって高村姓を名乗ることになりました。

彼は先ず西洋美術を学び、そして、写実主義を取り入れることによって木彫を復活させて、それによって日本古来の木彫技術の伝統を近代につなぐと言う極めて重要な役割を果しました。彼の代表作には、老猿（東京国立博物館像）、西郷隆盛像（上野公園）、そして楠公像（皇居前広場）等があります。

2　黒田 清輝（1866　～ 1924）

彼は鹿児島県の薩摩藩士の子で、伯父の黒田子爵の養子となって上京し、東京外国語学校を経てフランスに滞在、また、その帰国後には画家となることを決意して、フランス人の画家ラファエル・コランに師事することになります。

１８９３年に完成した「朝しょう」がフランスの展覧会に入賞したことで、彼の活躍は次第に拡大し、帰国後においては、彼とその周囲の画家たちは「新派」と呼ばれるようになり日本画とは異なる洋画の世界を確立して行くようになって行き、後の「知・感・情」なる作品は、抽象的に描いた女性の裸婦画として、彼の代表作ともなっています。

３　横山 大観 （1868 ～ 1958）

　彼は常陸国水戸の出身で、母方の縁戚である横山家の養子となり、東京美術学校の第１期生として入学し、岡倉天心や橋本雅邦らに学びました。その同期生には下村観山や菱田春草らがいます。

　彼は、美術学校を卒業した後に、母校の東京美術学校の助教授の職にあって、その後に岡倉天心への排斥運動が生じたことによって助教授の職を辞し、岡倉天心らによる日本美術院の創設への動きに参加して行ったのでありました。

　彼の画風はいわゆる朦朧体であって、これは、日本画壇の守旧派からは猛烈な批判を浴びるところとなりました。しかし、彼は菱田春草らと共にアメリカ他の各地において相次いで展覧会を開催したことによって、そのいずれの地においても、極めて高い評価が得れれたことを実感したのでありました。そして、後の彼は日本画壇の重鎮として確固たる地位を築くこととなって、その後に、勲一等旭日大樹章の栄誉に輝くことになったのでした。

４　鏑木 清方 （1878 ～ 1872）

　彼は東京都の神田の生れで、母方の家督を継いだために鏑木姓となったのであります。彼は１３歳の時に浮世絵師の系譜を引く日本画家に入門し、その時に雅号の「清方」を取得しました。１７歳の頃に父親が経営していた「やまと新聞」に挿絵を描き始め、続いて各地の新聞においても挿絵を掲載するに至って、２０歳の時に日本挿絵協会の展覧会において美人画を出品したことによって、次第にその人気を博するようになって行き、その後、泉鏡花（明治の小説家）の挿絵を描いた頃から、その後終世に亘り、江戸情緒の溢れる美人画や風俗画を描き通したのであります。彼は後に、帝国美術院の会員に選出され、それによって多くの門人たちを育成することとなり、弟子たちを次々と美術界に輩出して行きました。

5　高村 光太郎（1883 ～ 1956）

彼は彫刻家の高村光雲の長男として生れ、１４歳にて東京美術学校の彫刻科に入学し、これを卒業後、さらに西洋画科に移った後に父の高村光雲から得た留学資金によって、ニューヨーク、ロンドンそしてパリにおいて、それぞれ１年程度ずつを滞在した上で帰国しました。しかしながら、彼はその進路が明確に定められないままで１９１４年（大正３年）に長沼智恵子と結婚したものの、その後に彼女は健康を害し、統合失調症を発病したために、結局、死別してしまうことになるのであります。そして彼は、後の１９４１年（昭和１６年）に詩集「智恵子抄」を出版しました。

また、その３年後に、朝日新聞に「一億の号泣」を発表し、その一方で、岩手県花巻市において独居生活に入り、それを７年間に亘って続けるのであります。そして、後に東京都中野区にアトリエを設けて移り住み、ここで塑像「乙女の像」を完成させ、また詩集や美術評論・随筆・翻訳書を多数残し、１９５６年（昭和３１年）にこの自宅（アトリエ）にて肺結核のために死去しました。

6　竹久 夢二 （1884 ～ 1934）

彼は岡山県にて代々酒造業を営む得能家に生れ、神戸の叔父宅に寄宿して神戸尋常中学校へ入学（中退）し、１７歳で上京して、その翌年に早稲田実業学校へ入学、この頃から、スケッチ類を新聞に投稿するなどしていました。また、その後にも雑誌への投稿を頻繁に繰り返すようになって行き、その結果、早稲田実業学校を中退して画業に専念するようになり、その頃に彼は「夢二」を名乗ることになります。そして、２３歳の１９０７年（明治４０）に岸たまきと結婚し、また、読売新聞に入社して、時事的スケッチ等を新聞に掲載するようになって行きます。

２５歳で最初の著書「夢二画集・春の巻」を発刊して、これが当時のベストセラー作品となり、その結果、彼の人気は一気に世間に広がって行くことになるのです。そして、この当時に彼が作詞して多（おおの）忠亮が作曲した宵待ち草は、その叙情的メロディーによって当時の大ヒット曲となりました。その後、彼は女性問題にて醜聞を流すような生活となって孤立し、伊香保温泉に長期滞在したりアメリカにも滞在したりした後、結核を患って病床に伏すこととなり、１９３４年（昭和９年）に逝去しました。

7　前田 青邨（1885 ～ 1977）

彼は岐阜県中津川市にて生れ、１９０１年（明治３４年）に上京して日本画家の梶田判古の元に入門し、この時に雅号の「青邨」を貰い、他の門人らと共に作画の研究に没頭して行くようになるのであります。そして１９１４年（大正３年）に日本美術院の同人（仲間）となります。１９３０年（昭和５年）に発表した日本画「洞窟の頼朝」にて第１回朝日文化賞を受賞することとなって、これにより帝国美術院の会員となり、また、その後には、天皇御即位記念の献上画「唐獅子」を製作しました。

そして、その後に、東京芸術大学の日本画主任教授となり、また文化勲章を受章し、日本芸術家協会の会長にも就任して、その後には高松塚古墳の壁画の模写事業にも携わりました。

8　安井 曾太郎（1888 ～ 1955）

彼は京都市にて商家の５男として生れ、京都市立商業学校に入学するものの、中退して、絵の道に進むことを決意します。１９０７年（明治４０年）に、彼は、先輩の津田清楓に同行してフランスに渡り、パリの美術学校にて絵画を学び、その帰国後の二科展において、フランス滞在中に仕上げた多数の作品を出展し、それによって二科会の会員に推挙されたのであります。

そして、１９３０年（昭和５年）の「婦人像」あたりから彼独自の日本的な油彩画様式が確立し、梅原龍三郎と共に、昭和を代表する洋画家とも評されるようになります。また、昭和６年には木版画集を発表し、１９３５年（昭和１０年）には帝国美術院の会員にもなっています。

9　梅原 龍三郎（1888 ～ 1986）

彼は京都市の染物問屋の倅（せがれ）で、京都府立中学校を中退した後、２０歳の時にフランスに留学し、高村光太郎（彫刻家）が残したパリのアトリエに滞在して私立美術学校に通い、その当時の印象派を代表するルノアールの指導を得たりしていました。その後１９１３年（大正２年）に帰国して東京の神田にて個展を開き、この時に、武者小路実篤や志賀直哉らによる知遇を得ています。そしてその翌年には「二科会」の設立に関与しています。また１９３５年（昭和１０年）に帝国美術院（現在の日本美術院）の会員となるその一方において、東京美術学校（現在の東京芸術大学）の教授になっています。彼の作品には、いずれも重厚な印象の作風のものが多いものの、その反面で軽妙なる小品も多く、その主要な作品はいずれも日本各地の有名美術館にて所蔵されるに至っています。彼は１９５２年（昭和２７年）に文化勲章を受章しました。

10　柳　宗悦（1889 ～ 1961）

彼は、東京都麻生にて海軍少将の三男として生れ、学習院高等科を卒業後に東京帝国大学に進学し、宗教哲学の道を歩んでいたのですが、その後に西洋美術に関心を持つようになって、次第に美術の世界に関わって行くようになります。

一方、１９１４年（大正３年）に、彼が千葉の我孫子に引っ越したことによって、続いて志賀直哉や武者小路実篤らが移住して行くこととなって、やがてこの地は文化活動のための一大拠点のような雰囲気になって行くのであります。そして、彼ら白樺派の人達の中から、西洋美術を紹介するための美術館を建設しようとする動きが生じて行き、彼らはそのための作品の収集を進め、その一環としてフランスのロダンと交渉し、浮世絵との交換によって彼の彫刻作品を入手することになるのであります。

しかしながら、１９２３年（大正１２年）に生じた関東大震災によって受けた被害は思いの外に悲惨であって、そのために彼らはその活動拠点を京都へ移すこととし、その後、１９２６年（大正１５年）に「日本民藝美術館設立趣意書」を発表し、雑誌「工芸」を機関誌としてその運動を拡大して行き、それによって、遂に１９３４年（昭和９年）に日本民藝協会が設立されるに至り、その２年後にはついに東京駒場に「日本民藝館」が開設されて、彼がその初代の館長に就任したのであります。そして１９５７年（昭和３２年）に彼は文化功労者に選定されることとなりました。

11　岸田 劉生（1891 ～ 1929）

彼は東京の銀座にて生れ、東京高等師範学校の付属中学校を中退した後に黒田清輝に師事しました。１９１１年（明治４４年）以降バーナードリーチ（イギリスの陶芸家）や柳宗悦・武者小路実篤らと知り合い、また、高村光太郎らと会派を結成しています。彼の画風はポスト印象派でセザンヌの影響が見受けられ、後に徐々に写実的な作風に推移して行き、その様な中で代表作「麗子像」を描いています。彼は自身が最も活動的であった大正１０年代に延べ9回もの展覧会を開催し、その中で、多くの作品を彼独特の筆致によった風景画に仕上げていて、まさに異才の一端を遺憾なく覗わせるものにしていると言えます。

彼は後に満州方面に旅行し、その際には複数の作品を仕上げています。しかし、その帰国後に体調不良を訴えることとなって、同年の１２月２０日に３８歳の若さで他界しました。

7－5　文学的な活動に貢献した人々

1　坪内 逍遥 （1859 ～ 1935 ）

彼は美濃国（岐阜県）の生れで、幼少期より読本や俳諧・和歌に親しんでいました。後に上京し、東京開成学校を経て東京大学文学部にて学び、この頃から西洋文学に対して関心を持つようになって行き、数々の外国作品の翻訳を行うようになりました。その後、東京専門学校（早稲田大学の前身）の講師となり、後に早稲田大学の教授となりました。

彼は１８８５年（明治１８年）に評論「小説神髄」を発表し、小説を芸術として発展させるために、それまでの勧善懲悪調の物語を否定し、小説とは、先ず人情の描写であり、そして世態風俗の描写であるべきであると論じました。その結果、この心理的写実主義の主張は、その後における日本近代文学の誕生に大きな貢献をもたらすことになったのであります。しかしながら、彼自身が著した小説の「当世書生気質」においても、それまでの戯作文学の影響からは脱しきれておらず、そのことが、後に発表された二葉亭四迷の「小説総論」等によって批判されているところでもあります。

彼自身はその後、小説の執筆を断ち、近松門左衛門の作品の戯曲化などを手掛けるようになって行きました。

2　正岡 子規（1867 ～ 1902 ）

彼は伊予国（愛媛県）の生れで、少年時代より漢詩や戯作などに親しむようになり、また、自由民権運動等にも関心を持っていたと言われます。旧制松山中学（中退）を経て上京し、共立学校（現在の開成高校）にて学び、さらに東大予備門（後の東大教養学部）に入学して、この頃から文学に関心を示すようになって行き、そして自らを「子規」と号して俳句の道に入って行くようになるのであります。彼はその後、当時の日本新聞の作家となって文芸活動に注力し、その間に数々の作品を発表して、俳句の一般化とその普及に対して大きく貢献しました。しかしながら病魔のために、彼は３５歳と言う若さにて没しました。

3　夏目 漱石（1867 ～ 1916 ）

彼は東京牛込（現在の新宿区）にて名主の末子として出生し、程なく養子として他家に出されながら、また、戻されると言う幼年期を過ごしました。その後、私塾の二松学舎そして英語塾を経て大学予備門（後の第一高等学校）に入学して、その成績はいずれの教科においても優秀であったとされます。

また、１８９０年（明治２３年）に帝国大学（後の東京大学）の英文科に入学し、この頃、彼は正岡子規と懇意になり、彼の誘いによって関西や四国方面へ旅行に出掛けたりしています。

彼は帝国大学を卒業後に高等師範学校の教師となりますが、病気になったこともあってその職を辞し、四国の松山に渡って療養生活を送ることになるのであります。そして、その後、明治政府により英語教育の研究のためにイギリスへの留学を命じられ、ロンドンに滞在することになりましたが、彼はすぐに神経衰弱症状に陥ることになって、帰国を余儀なくされてしまうのであります。

その後、東京帝国大学の講師あるいは明治大学の講師を勤めたりするものの、結局は長続きせず、それ以降、彼はついに独自の創作活動に入って行くことになるのであります。そしてこの時期に発表されたのが「倫敦（ロンドン）塔」であり「坊っちゃん」であってこれによって、彼は一躍人気作家としての地位を得て、また、彼の元には多くの門下生が集まるようになって行くのであります。

一方、１９０７年（明治４０年）に朝日新聞に入社して連載小説の「虞美人草」を執筆したり、旅行記を連載したりしました。その後「三四郎」、「それから」に続く「門」を執筆中に胃潰瘍にて入院し、その後においても執筆と入退院とを次々と繰り返すような状況になって行って、１９１６年（大正５年）に、ついに自宅にて死去してしまいました。享年４９歳でありました。

4　尾崎 紅葉　(1868 〜 1903)

彼は東京芝大門の生れで、生家は商家であったとされます。４歳の時に母と死別した後に母方に預けられて、その後、府中中学校や第一高等学校を経て帝国法科大学にて学んだ後、読売新聞社に入社し、以降、新聞において「伽藍枕」・「三人妻」・「二人女房」を次々と掲載して行き、それによって世間の人気を博し、その当時においては、幸田露伴と共に、明治期における文壇の重鎮と言われる程の存在になって行ったのであります。そしてその後に「金色夜叉」の掲載が始まると、当時の日露戦争終焉後の厭世気分を反映して、その掲載紙は高い人気を獲得するようになって行くのであります。

しかしながら、彼は、その続編を連載中において胃がんを発症して床に臥すこととなってしまい、ついに、３５歳の若さで他界してしまったのであります。

5　島崎 藤村（1872 ～ 1943 ）

彼は岐阜県中津川市の生れで、生家は代々庄屋を務めており、また、彼の父は国学者でもありました。彼は9歳にて上京し、三田英学校を経て明治学院本科（明治学院大学の前身）の一期生として入学しました。そして卒業後は女学校の教師を経て、東北学院の教師となって仙台へ赴任し、この頃に発表した「一葉舟」・「夏草」・「落梅集」等の詩集によって、いわゆる浪漫（ロマン）主義文学の最先端を担い、土井晩翠（仙台出身）と共に、この時代における先頭集団に立つこととなったのであります。

また、その後における彼の「椰子の実」や「海辺の曲」等の詩は楽曲としても採用されて今日でも歌い継がれており、歌曲「千曲川旅情の歌」は彼の詩に基づいて作曲されたものであります。

彼はその後、小説に対しても取り組むことによって多くの作品を残していますが、その代表作とも言えるのが１９０５年（明治３８年）に発表された「破戒」であって、この作品は本格的な自然主義の小説として文壇から絶賛されるに至っています。

そして、彼は、「当方の門」を連載中の１９４３年に、脳溢血によって死去してしまいました。

6　樋口 一葉（1872 ～ 1896 ）

彼女は、東京千代田区の東京府の官舎にて生れ、幼児期から利発で物覚えが良かったと言われます。そして幼少にて私立学校へ入学し読書に耽っていたとされます。後に、一家は御徒町へ移ったために彼女は上野の私立青梅学校へ転校することになります。しかし高等科を首席で卒業するも、母の方針によって上級へは進まなかったのであります。しかし、一方の父は、彼女のために和歌を習わせるべく、歌人中島歌子の「萩の舎」に入門させたことによって、彼女はここで千蔭流の書や王朝文学を講読することとなり、それによって並み居る令嬢ら塾生の中に入り、気後れしながらも熱心に学んでその後の発表会において、彼女は最高点を取ったのであります。

その後「萩の舎」の同門の田辺花圃が小説を出版して高額の原稿料を得たことを知った彼女は、自分も小説を書くことを決意するのであります。しかしながら、その初期においては、彼女の作品自体は取り上げられるところとはなりませんでした。

そして、彼女は図書館に通い、独学した後に、三宅花園の紹介を得て、雑誌「文学界」創刊号にて「雪の日」を発表するも、結果は思わしくなく、生活に困窮した彼女は、吉原遊郭近くの下谷において雑貨屋を開くことになります。この時の苦しい経験を下地にして書いた作品が、後の「たけくらべ」でありました。

彼女は、雑誌「文学界」に「琴の音」や「たけくらべ」を７回に亘って発表し、また、その後に「にごりえ」や「十三夜」などを次々と発表して行ったことによって、ようやく彼女の名声が世間に知れ渡るところとなって、この当時の樋口家には大勢の著名人たちが訪れたとも言われています。

しかしながら、彼女は肺結核を患うこととなってしまい、１８９６年（明治２９年）に、惜しまれながら、２４歳の若さで死去しまうこととなりした。

7　滝 廉太郎（1879 ～ 1903 ）

彼は、豊後国（大分県）日出（ひじ）藩家老を務めた家柄の出身であって、その父が、明治の英雄である大久保利通や伊藤博文らの下にあって、地方官として各地に移り住んだために、幼少時にあっては、彼自身もこれに従って、各地において居住しました。その後に、彼は故郷において尋常小学校や高等小学校を経た後、東京音楽学校（現在の国立東京芸術大学）に入学してピアノを学び、研究科へと進んだ後に、その才能をさらに伸ばして行ったのであります。

この時代にあっては、その楽曲の多くが翻訳の歌曲であったために、ぎこちない曲が多かった中で、彼が作曲した代表作の「荒城の月」や「箱根八里」などは誠に秀逸な日本歌曲として、文部省編集の「中学唱歌」としていち早く取り入れられ、一気に日本中に知れ渡るところとなったのであります。

その後、彼は留学生としてヨーロッパへ渡り、ドイツにてライプツィヒ音楽院（設立者はメンデルスゾーン）にて学び、作曲や音楽理論を学んで行ったのであります。しかしながら、そのわずか5カ月後に、なんと彼は肺結核を発病して帰国を余儀なくされてしまうこととなり、１９０３年（明治３６年）に大分市内の自宅において死去してしまいました。享年わずか２５歳と言う若さでの結末なのでありました。それにも拘わらず、その間に彼が残した作品の数はなんと３４曲にも上るのであります。

8　高村 光太郎（1883 ～ 1956）

彼は彫刻家・高村光雲の長男で、東京都台東区にて生れ、共立美術館予備科を卒業し、東京美術学校（現在の東京芸術大学）の彫刻科に入学して、卒業後に、さらに西洋画科にも進学しています。
その後、ニューヨーク、ロンドン、パリにそれぞれ長期に滞在した上で一旦帰国し、その後、アメリカの彫刻家ガットソン・ポーグラムの弟子になって、昼間は働き、夜は美術学校（夜学）に通うと言う生活によって、学ぶことに専念して行ったのであります。
また、帰国後には東京・駒込にアトリエを建てて、油絵を描いたり詩の編集に励み、また、塑像を製作するなどと言った多彩な創作活動を展開して行き、その一方においては、歌唱曲の作詞と言ったこと等をも行っていました。そして、この頃に、彼は長沼千恵子と結婚したのでありましたが、残念なことに、彼女とはその後に死別してしまいました。
その後、彼は詩集「道程」によって第１回帝国芸術院賞を受賞して、その一方で、戦争協力のための詩の発表によって日本文学報国会の詩部会長を務めたりしました。しかしながら、これらの活動に対しては、彼はその後に、新聞に「一億の号泣」を発表することによって自省の念を示すなど、その揺れた心情を吐露するに至っているのであります。そして、その後、彼は自宅アトリエにおいて塑像「乙女の像」を完成させますが、後の１９５６年（昭和３１年）に肺結核のために自宅にて死去したのであります。

9　武者小路 実篤（1885 ～ 1976）

彼は東京の都心部において公卿の家系の子として生れ、父は彼が２歳の時に死去したため、母親の下で姉・兄と共に育ちました。そして学習院の初等科・中等科・高等科と進み、東京帝国大学の哲学科へ入学しました。しかしながら、この頃から同級生と造った活動に傾倒してしまうこととなって大学を中退し、その後は創作活動に専念するようになって行くことになります。

そして、この頃に、志賀直哉・有島武郎らと共に文学雑誌の「白樺」を創刊することになります。これによって、後に彼らは「白樺派」と呼ばれることとなり、実篤は、その思想的な柱となるのであります。また、この活動を通じて、夏目漱石とも親密になって行きます。そして、彼もまた、当時の文化人が憧れとしていたところの千葉県我孫子市へと移住するのであります。

　そして、彼らは、理想化された社会の建設を目指し、階級闘争を避ける狙いの下で、宮崎県内に「新しき村」を建設し、ここにおいて農作業に親しみ、そして文筆活動を続けましたが、しかし、その地が後にダム建設によって水没することになったために、次には埼玉県入間郡毛呂山町において、再度、新たな「新しき村」を建設しましたが、しかし、この頃にはその活動がかなり退化してしまうこととなり、またその一方において、１９２２年（大正１１年）の関東大震災によって、首都機能が減退して行ってしまったことから彼らの活動自体も自然消滅へと向かうところとなりました。

彼は、後にヨーロッパ旅行に出掛け、その旅行中に受けた屈辱的な体験を下地にして、反戦思想を捨てて、戦争支持者へと変化して行き、その結果、１９４６年（昭和２１年）に貴族議員に選任されますが、しかし、後に、それが理由となって公職追放の対象とされてしまうのであります。その一方、この時代に雑誌「心」を創刊して「真理先生」を連載しました。そして、彼はその晩年を調布市にて過し、その後に文化勲章を受章しました。

10　石川 啄木（1886 ～ 1912）

彼は、岩手県岩手郡日戸（現在は盛岡市）の曹洞宗寺院の住職の長男として生れ、その幼少時に、父が渋民村の寺院に転じたことに伴って移住することになります。そして、尋常小学校及び高等小学校を経て盛岡尋常中学校へと進むこととなりました。しかしながらこの中学校においては、出席日数の不足を理由として、中途退学の扱いとなってしまうのであります。

その後、彼は「岩手日報」に社会評論を連載し、また「明星」に短歌を発表するようになり、それによって新詩同人となったことから、この頃に「啄木」のペンネームを使い始めるようになります。また、彼は１９歳の時に、盛岡にて知り合った節子と結婚し、家族としての生活を始めることになったのであります。

１９０５年（明治３８年）に、彼は、自費によるところの詩集を出版し、それと同時に「岩手日報」においてエッセイを掲載するようになって、その頃から、ようやく世間にその名が知られるようになって行き、一方、渋民村の尋常高等小学校において代用教員として勤務することによって生計を助け、そして、執筆活動を続けることができる生活環境を得ることになったのであります。

しかしながら彼は、この状況には満足しておらず、その後、単身で東京へ出て新聞社の校正係となって働き、その一方で新聞に連載小説を掲載するようになって行くのであります。そして歌集「一握の砂」を出版します。この時、彼はまだ２４歳なのでありました。

そして、彼は、この頃から自分が「人生の落後者」であることを自覚するようになって、そして社会主義に傾倒して行き、その後の１９１０年（明治４３年）に起きた「大逆事件」に対しては、強い関心を示していたとされます。そして、彼はこの頃から体調を一気に悪化させて行きこととなって、１９１２年に、友人の若山牧水に看取られながら、２６歳の若さで死去しました。

11　山田耕作（1886 ～ 1965）

彼は福島藩士の子弟で、東京にて育ち、後に、姉の夫（イギリス人）より西洋音楽の手ほどきを受けた後、関西学院（中退）を経て日京音楽学校にて学び、その後、三菱財閥の援助を得て、ドイツのベルリン王立芸術アカデミーの作曲科に留学し、ここにて3年間を過ごしました。そして、帰国後においては東京フィルハーモニー会の指揮者を任されることになったものの、自身が起こしたトラブルによってこれを退き、その後は、アメリカに渡って自作曲の演奏会を開いたりしていました。

その後、当時あった文化学院において音楽主任となって、この頃には「赤とんぼ」などの童謡曲を、次々と作曲して行ったのであります。１９４０年（昭和１５年）には、自ら演奏家協会を発足させてその会長に就任し、その後の「日本音楽文化協会」の発足に際しては副会長に就任して、また、音楽挺身隊を結成し、戦地での音楽演奏活動を実施して行きました。そして、その間に数々の作曲を行うと共に、日本音楽文化協会の会長を勤めました。そして１９５６年（昭和３１年）に文化勲章を受章しました。

その後、１９６５年（昭和４０年）１１月に、自宅にて心筋梗塞にて死去したのであります。享年７９歳でありました。

12　平塚 らいてう（1886 ～ 1971）

彼女は、東京府麹町において３人姉妹の末娘として生れた官吏の子供で、本名を明（はる）と言い、「らいてう」は雷鳥を意味するペンネームなのであります。

彼女は父の勧めによって東京女子高等師範学校附属高等女学校を経て、日本女子大学校（現在の日本女子大学）にて学んでいましたが、実はこの時期に、塩原事件なる面倒な騒動に巻き込まれたことによって、彼女は、思いも拠らぬ立場に置かれることになってしまい、以後、この事件を契機として、この時代における性差別の問題や男尊女卑の問題が見逃されてしまっている、当時の社会的傾向に対して、強い問題意識を持つようになったのであります。

そして、このような意識によって始められたのが女性向け文芸誌の「青鞜（せいとう）」であって、彼女は、その創刊号において初めて「らいてう」なるペンネームを使用しました。それは、かっての事件における彼女の孤独感を表わしたものだとされています。

しかしながら、この「青鞜」なる出版社に集まる女性たちに問題が生じたりすると、それが、彼女の住む平塚家への「嫌がらせ」に向かってしまう点で、彼女はより一層の孤独感にさいなまれる結果になってしまうのであります。

その後、彼女は画家志望の青年と出会って、いわゆる事実婚を始めることになります。そして彼女は「青鞜」の編集権を婦人解放運動家の伊藤野枝に譲るのであります。しかし、その彼女もまた男女問題に関わる事件（通称、日陰茶屋事件）を引き起してしまったことによって、結局、「青鞜」は休刊になってしまうのであります。

一方、平塚らいてうは、与謝野明子との間の「母性保護論争」などを経た後に、独自の文筆活動に入って行くことになるのであります。そして、１９７１年（昭和４６年）に逝去しました。

13　芥川 龍之介（1892 ～ 1927）

彼は東京・京橋において、牛乳の販売を生業としていた家庭の息子で、生後間もなく母親の実家の芥川家に預けられて養育され、その後、実母が亡くなったために芥川家の養子となったのでした。そして、彼は府立第三中学校、第一高等学校そして東京帝国大学英文学科へと進み、その間において、同期生の菊池寛や久米正雄らと共に、同人誌「新思潮」を刊行しますが、しかしながらこれは永くは続かず、すぐに中断に至り、また、その後に復活していくのであります。そしてその間において、彼は「羅生門」を帝国文学社より発表し、また、「鼻」を新思潮より発表して、それぞれ好評を博するのであります。その後、１９１９年（大正８年）に、友人の姉の娘の「塚本文」と結婚し、そして長男の比呂志が誕生し、次男の多加志そして三男の也寸志が誕生することになります。

しかし、この頃から、彼は胃潰瘍を病み、神経衰弱や不眠症等に悩むようになって行き、湯河原にて療養生活に入ったりした半面において、帝国ホテルにて秘書の女性との間で心中未遂事件を引き起したりしました。そして１９２７年（昭和２年）７月２４日に、彼は致死量の睡眠薬を使って服毒自殺を図ったのであります。なんと享年３５歳と言う若さでの出来事でありました。

７－６　ノーベル賞に輝いた人々

（１）ノーベル物理学賞の受賞

１　湯川 秀樹（1949 年受賞）

原子核を構成している陽子と中性子とを結び付ける力を核力と言いますが、彼は１９３５年の頃に、その核力を媒介する粒子としての「クオーク」の存在を提唱しました。そして、その理論がその後において国際的に認められたのであります。

２　朝永 振一郎（1965 年受賞）

彼は、相対論的に共変ではなかった「場の量子論」を超多時限論によって共変な形に変形した上で、その場の演算子を形成する方法に従って「場の量子論」を新たに組立てました。この理論は電力学の発展に大きく寄与するものでありました。

３　江崎 玲於奈（1973 年受賞）

彼は、トンネル効果に関する研究でこの賞を受賞しました。その研究と言うのは当時の東京通信工業時代のもので、ゲルマニウムのPN 接合層を薄くしていくと、電圧対電流の関係が負圧特性を示すようになると言うことを発見したのであります。

４　小柴 昌俊（2002 年受賞）

物理学者でもある彼は。ニュートリノ天文学を開拓した天文学者でもあります。彼は、自分が設計及び監督を行って建設した実験施設「カミオカンテ」によって、人類史上初めて、太陽系の外で発生したニュートリノの観測に成功したのであります。

5　小林 誠、 益川 俊英（2008 年受賞）

この両名は、以前に発表した論文によって、もしも、クオークが3世代（6種類）以上存在することが確認できたなら、すでに観測によって確認されている「CP 対称性の破れ」が理論的に説明できるようになるとしました。そして、その当時に観測されていたのは3種類のみでしたが、その後新たに3種類が見つかったため、両名が提唱した理論の正しさが証明されたのであります。

6　赤崎 勇、天野 浩、中村 修二（2014 年受賞）

この3名は、高輝度で省電力型となり得る白色の LED 型ライトの製品化を可能とする、その大元となる青色発光ダイオードを発明しました。今日の我々の日常生活の中で、当たり前のように白色の LED 照明器具が使われるようになったのは、実に、この青色発光ダイオードの発明によるものなのです。

7　梶田 隆章（2015 年受賞）

彼は、東京大学宇宙線研究所において永らく研究に従事していたニュートリノ研究の専門家であり、その研究においてニュートリノ振動を発見したことがノーベル賞の受賞につながりました。これはニュートリノが質量を持つことを意味するものなのです。

（2）ノーベル化学賞の受賞

1　福井　謙一（1981 年受賞）

彼は、１９５２年にフロンティア軌道理論を発表しました。これは、フロンティア軌道と呼ばれる軌道の密度や位相によって、分子の反応度が支配されることを初めて明らかにしたものであり、世界の化学会に対して衝撃を与えることとなった理論なのです。

2　白川　英樹（2000 年受賞）

彼は、筑波大学の助教授時代に、ポリアセチレンに関する基礎的な研究を数多く手掛け、その液晶の配向を利用して、繊維の方向を揃えたポリアセチレン材料を作製し、その結果、従来のものよりも導電性を高めることに成功しました。そして、この成果がノーベル財団の目に止まったと言うことであります。

3　野依　良治（2001 年受賞）

彼は、カルボニウム化合物をキラル選択的にアルコールへと変換できる金属錯体触媒（BINAP 触媒）を開発しました。この触媒は、非常に多くのカルボニル化合物に適用可能な、反応性の高いものであります。医薬品、農薬、香料などを造る際の鍵となる、不在合成反応に広く利用できるので、このような側面が高い評価を得たと言うことではないかと想像されています。

4　田中　耕一（2002 年受賞）

彼は、勤務する島津製作所において、ソフトレーザーによる質量分析技術の開発によってノーベル章を受賞しました。そして今日においては、この技術を用いた質量分析機器は世界中において使用されています。一方、開発者本人は、同社においてシニアフェローと言う立場において現在でも活躍中であります。

5　下村　　脩（2008 年受賞）

彼は、有機化学や海洋生物学を専門とする生物学者で、その中でも特に生物発光の研究において先駆者なのであります。そして彼によるオアンクラゲの緑色蛍光タンパク質の発見は、その後における生命科学・医学研究において重要なツールに発展し、この点が評価されたと言うことであります。

6　根岸　栄一、鈴木　章（2010 年受賞）

彼らは、有機亜鉛化合物と有機ハロゲン化物とを、パラジウム又はニッケル触媒の下で縮合させて、C－C 結合生成物を得る「根岸カップリング」を発見したことが評価されました。また、それ以前にも、他の物質によるクロスカップリングを報告しています。

そして、彼らは、これらの技術広く公開するために、特許の取得は行っていないのであります。

7　吉野　　章（2019 年受賞）

彼は電気化学を専門とするエンジニアで、旭化成㈱の名誉フェローでもあります。１９８０年代においては、携帯電話やパソコン等において、高容量で繰り返し充電が可能な、小型の二次電池と言うもののニーズが高まっていました。そこで彼は、先ず、白川秀樹が発見した「ポリアセチレン」に注目して、それが有機溶媒を用いた二次電池の負極に適していることを発見したのであります。そしてその後、電池容量を向上させるための研究をさらに積み重ね、ついに、リチウムを正極とし、炭素材料を負極とする「リチウムイオン電池」の開発に成功したのであります。

（3）ノーベル生理学・医学賞

1　利根川　進（1987 年受賞）

彼は、分子生物学及び免疫学に関する知識をバックグラウンドとして、米国のカリフォルニア大学その他の研究所において研究員として勤務しました。そして、１９８７年に、免疫システムに関する免疫生成の初期における遺伝子再構成の仕組みと、その抗体の生成に関わる遺伝的な原理について解明を行い、その成果が認められたことによって受賞したのであります。

2　中山　伸弥（2012 年受賞）

彼は、学位を取得の後に、カリフォルニア大学サンフランシスコ校の研究所へ研究員として留学し、そこで、後の iPS 細胞に関する初期の研究を開始したのであります。その後、帰国した後に奈良の先端科学技術大学院大学の募集に応募して採用に至り、これによって再び基礎的な研究を開始しました。そしてその後、遂に **iPS** 細胞の開発に成功したことによって、２００４年には京都大学に移籍しており、現在においては、カリフォルニア大学グラッドストン研究所の上席研究員を兼務しながら、研究に邁進しています。

３　大村　　智（2015年受賞）

彼は、微生物が生産する有用な有機化合物の探索と研究を４５年以上に亘って行い、これまでに、４８０種を超える新規の家具物を発見し、それによる感染症の予防や撲滅、創薬、そして、その構造解析などに携わって来ました。そして、研究域を世界に広げ、これにより、新しい化合物の発見や創製、また、その構造解析の仕方について、新しい手法を提唱しています。

４　大隅　良典（2016年受賞）

彼の専門は生物学であり、特に分子細胞生物学等の分野の研究を行っていますが、特に、オートファジー（細部内におけるタンパク質の変化の仕組み）のメカニズムや、生理的な機能についての研究が知られているところです。このことによって、ノーベル賞を単独で受賞した他に、ガードナー国際賞や日本学士院賞の受賞と言った数々の賞を受賞しています。

５　本庶　　佑（2018年受賞）

彼は、クラススイッチ組換えと体細胞の突然変異によって抗体が造られるメカニズムを解明しました。また世界で初めて、活性化誘導シチジンデアミナーゼを発見したことでも知られています。さらには、ＰＤ−1を阻害するがん免疫療法を開発したことから、後にそれが免疫チェックポイント阻害剤であるニボルマブの開発に繋がりました。また、彼は、母校である京都大学を始め、東京大学、大阪大学において教鞭を執り、後進の育成にも力を注ぎました。

（4）文学賞

1　川端　康成（1968年受賞）

彼は、大正から昭和の時代にかけて活躍した小説家であり、近代日本文学の頂点に立った作家の一人であったと言えます。その代表作品には、伊豆の踊子、抒情歌、禽獣、雪国、千羽鶴、眠れる美女そして古都などがあります。そして、抒情性が特に高いと言われる作品であるところの伊豆の踊子や雪国・古都については、その後に映画化もされていて、それによって、より一層、原作に親しもうとする人々が増えたと言われるところであります。

2　大江　健三郎（1994年受賞）

彼は、東京大学の文学部仏文科に在学中のうちに、すでに学生作家としてデビューしており、また、当時としては最年少の２３歳ですでに芥川賞を受賞しています。そして、これによって新進作家としての脚光を浴びることになると共に、時代に即した作品を次々と発表して行くようになるのであります。

彼が発表した作品には、長編のものが約２８作、雑誌への連載作品が4作、中編と短編とが１０数作もあって、作家のなかでも多作と言われている程の、沢山の作品を世に残しました。

（5）平和賞

1　佐藤　栄作（1974年受賞）

日本の内閣総理大臣として日韓基本条約を批准し、また、沖縄の返還を成し遂げ、人事の佐藤と言われたほどのバランス感覚を駆使したことによって、２７９８日に及ぶ、当時における総理大臣在任最長記録を打ち立てましたが、ノーベル章を受章することになったその理由と言うのはこのようなことではなく、実は、沖縄の返還に際し、いわゆる「非核三原則」を提唱し、これを実現に至らしめたと言う点にあったのであります。

この非核三原則とは、核兵器を「持たない、造らない、持ち込ませない」とすることであって、これ以降、日本はこれを国是とすることにしたのであります。

おわりに

令和と言う時代に生きている我々現代人にとって、いわゆる変革の時代とも言われて来た、明治維新以降から昭和に至るまでの日本の変貌の様子と言うものを、我々は一体どのように読み解き、理解して行ったら良いのでしょうか。

ある人は、西洋の文化を追い求めて、それを見習うことによって国際化した時代であると言うのかも知れず、また、ある人は、天皇制に源を置く国粋主義的な思想によって、海外諸国の在り方とは基本が異なるところが、日本たる国の価値の源泉であるとして、今日の西洋化への傾斜傾向に対し、一定の歯止めがかけられて来た時代として評価するのかも知れないと思うのであります。

筆者の私は、これらのことについて必ずしも良し悪しを言いたい訳ではなくて、その間に横たわっている歴史的な事実と言うものをもう一度よく見直し、その経緯と結果とを把握し、その理解の上に立って未来を希求する必要があるとの考えに沿って、激動の時代とも言われる明治維新以降の日本社会の変貌の様子と、それに伴って先人たちが残した各界における業績と言うものを出来る限り具体的に解説し、誰が何について貢献し、あるいはどのような結果を残したのかと言う点まで掘り下げて、分かりやすく解説することが大事なことだと考えて本書を編纂したところなのであります。

したがって、そのような理解の下で、本書の編纂において筆者が特に拘ったのは、この「誰が何をし、何を残したのか」に関する点でありますので、このことについては、個別的にその人物像を書き分けた上でご紹介を申し上げることとしました。

筆者は、先に「近代日本における、民衆による闘争の歴史」なるタイトルの本を出版していますが、そちらは、数々の社会的な出来事に焦点を当てて、その事実とその意味について解説を加えたものなのであります。

いずれにしましても、例え分野が異なるとは言え、筆者としても人前にて何かを語ることを仕事にして来た経験を有する立場の者でありましたので、その意識の下で、現在自分自身が強い関心を持ちそのために皆様にも知って欲しいと思っている、日本社会の過去の経緯について、あらためて簡潔に集約することを試みたのが本書でありますので、是非とも大勢の皆様方にご一読いただき、その上でご批評なりを頂戴いただけるようであれば、誠に有難いことと思う次第なのであります。

なお、本書における事実関係に関する、その多くを、フリー百科事典「ウィキペディア」にて求めておりますので、その点をお断りした上で、ここに、同社に対しまして、改めて深甚なる謝意の程を申し上げる次第でございます。

参考文献一覧

① フリー百科事典「ウィキペディア」
② 帝国書院　図説「日本史通覧」

著者の略歴

① 氏名　　　中島　武久
② 生年月日　昭和１８年４月３日
③ 住所　　　茨城県ひたちなか市
④ 職歴　　　日本原子力発電（株）
　　　　　　総合研修センター主席講師

日本近代化の歩み　そして、これを支えた人々

2021年11月30日　初版第1刷発行

著　者　中島　武久（なかじま・たけひさ）
発行所　ブイツーソリューション
〒466-0848 名古屋市昭和区長戸町 4-40
電話 052-799-7391　Fax 052-799-7984
発売元　星雲社（共同出版社・流通責任出版社）
〒112-0005 東京都文京区水道 1-3-30
電話 03-3868-3275　Fax 03-3868-6588
印刷所　藤原印刷
ISBN 978-4-434-29687-1